100% FLORENZ

SPAZIERGANG 1: DUOMO, SANTA MARIA NOVELLA, SAN LORENZO & SAN MARCO

Rund um die autofreie Piazza del Duomo ist immer was los, denn hier schlägt das Herz der Stadt. Von hier aus erreicht man problemlos zu Fuß den Bahnhof und den Ledermarkt. Wer Ruhe und Schatten sucht, findet beides in den schmalen Gassen. Um die Piazza San Marco herum trifft man auf eine bunte Mischung aus Florentinern, die auf den Stadtbus warten, und Touristen, die den berühmten David von Michelangelo besichtigen.

SPAZIERGANG 2: VIA TORNABUONI, PIAZZA SIGNORIA, SANT'AMBROGIO & SANTA CROCE

Von den schicken Boutiquen in der Via Tornabuoni und den Ladenketten in der Via Roma und der Via Calzaiuoli gelangt man in die ruhigen Straßen und hübschen Geschäfte des Borgo degli Albizi und des Borgo la Croce. In diesem Viertel liegen das politische Zentrum der Stadt, die Piazza della Signoria mit dem Palazzo Vecchio, und eines der berühmtesten Museen der Welt, die Uffizien. Auf der gemütlichen Piazza Santa Croce laden Bänke zum Ausruhen ein.

SPAZIERGANG 3: OLTRARNO, SAN NICCOLÒ & PIAZZALE MICHELANGELO

Wer den Ponte Vecchio vom Zentrum aus überquert, betritt eine andere Welt. Oltrarno ("jenseits des Arno") ist nicht ganz so touristisch. Hier arbeiten noch viele Handwerker in ihren Werkstätten, und es gibt hervorragende Restaurants und einladende Cafés. Der schöne Boboli-Garten ist eine stadtnahe Oase der Ruhe. Vom gemütlichen Arbeiterviertel San Niccolò führt eine breite Treppe zum Piazzale Michelangelo, der einen fantastischen Blick über die Stadt bietet.

100 % FLORENZ

In Florenz gibt es viel zu erleben – doch wo fängt man am besten an? Duomo, Palazzo Vecchio und Uffizien sind absolut sehenswert, doch sollte man auch die Handwerker in Oltrarno besuchen, die meisterhaften Fresken in der Cappella Brancacci bestaunen und in der Via dei Benci einen Wein oder Kaffee trinken. Natürlich möchte man auch die köstlichen toskanischen Gerichte probieren und in den schicken Einkaufsstraßen oder den idyllischen Gassen rund um den Markt von Sant'Ambrogio shoppen gehen. Auch die Schönheit des Boboli-Gartens, die einmalige Atmosphäre im Arbeiterviertel San Niccolò und den Ausblick vom Piazzale Michelangelo sollte man erlebt haben. Der 100 % Cityguide zeigt Ihnen ganz genau, was Sie auf keinen Fall verpassen sollten. Sightseeing & Shopping, Ausgehen & Abenteuer – die übersichtlichen Stadtpläne weisen Ihnen den Weg.

AUF 3 SPAZIERGÄNGEN 100 % FLORENZ ERLEBEN.

Inhalt

100 % übersichtlich

Erleben Sie 100 % Florenz auf drei Spaziergängen. Jedes Kapitel im 100 % Cityguide ist einem Spaziergang gewidmet. Am Kapitelende gibt es eine Karte mit der Kurzbeschreibung des Spaziergangs. Auf der Karte in der vorderen Umschlagklappe sehen Sie die drei Kartenausschnitte im Überblick. Dort finden Sie anhand der Buchstaben Ⓐ bis Ⓩ alle Hotels sowie die Sehenswürdigkeiten und Ausgehtipps, die nicht auf einem der Spaziergänge liegen.

In den drei Kapiteln beschreiben wir ausführlich, welche Sehenswürdigkeiten Sie auf den Spaziergängen entdecken können und wo man gut essen, trinken, shoppen, feiern und relaxen kann. Alle Adressen sind mit einer Nummer ① gekennzeichnet, die Sie im Stadtteilplan am Ende des Kapitels wiederfinden. An der Farbgebung der Nummer können Sie erkennen, zu welcher Kategorie die jeweilige Adresse gehört:

● Sehenswürdigkeiten	● Shoppen
● Essen & Trinken	● 100 % there

DREI SPAZIERGÄNGE

Zu jedem Kapitel gehört ein Spaziergang. Auf den einzelnen Stadtteilplänen sehen Sie den genauen Verlauf der Route und können deren Länge anhand des Maßstabs ungefähr bestimmen. Die Wegbeschreibung links neben dem Stadtplan führt Sie entlang der Sehenswürdigkeiten zu den schönsten Adressen. So entdecken Sie fast nebenbei die besten Shoppinggelegenheiten, die nettesten Restaurants und die angesagtesten Cafés und Bars. Wer irgendwann keine Lust mehr hat, der Route zu folgen, kann anhand der ausführlichen Tipps und Pläne auch wunderbar auf eigene Faust Entdeckungen machen.

PREISANGABE BEI HOTELS UND RESTAURANTS

Um Ihnen eine Vorstellung von den Preisen in den Hotels und Restaurants zu geben, finden Sie bei den Anschriften stets auch die Preise. Die Angaben für Hotels beziehen sich auf ein Doppelzimmer mit Frühstück pro Nacht, es sei denn, es ist etwas anderes angegeben. Die Angaben für die Restaurants nennen – wenn nicht anders verzeichnet – den Durchschnittspreis eines Hauptgerichts.

FLORENTINER GEWOHNHEITEN

Das Frühstück ist ein geselliges, wenn auch etwas hektisches Ritual, das für viele Florentiner in einer Bar stattfindet. In *fretta e furia* ("ruckzuck") frühstückt man mit Cappuccinos und Brioches (süße Croissants). Das Gewünschte wird meist schon im Voraus an der Kasse bezahlt, dann geht man mit dem Kassenzettel an die Theke, holt sich das Gewünschte und frühstückt im Stehen. Wer an einem Tisch sitzen möchte, bezahlt häufig mehr. In den meisten Bars hängt daher eine Preisliste mit zwei Angaben: ein Preis für Verzehr "im Stehen" (*al banco*) und einer für Verzehr "im Sitzen" (*al tavolo*).

Die Einheimischen essen zwischen 13 und 15 Uhr zu Mittag. Sonntags bieten viele Hotels und Cafés auch einen Brunch an. Dann kann man von 12 bis 15 Uhr für einen festen Preis so viel essen, wie man will.

Die Florentiner gehen ausgesprochen gerne essen. Von Donnerstag- bis Samstagabend sind die Restaurants daher rappelvoll. Wer samstagabends in einem netten Lokal essen will, sollte im Voraus reservieren. Die meisten Restaurants öffnen um 20 Uhr, doch vor 21 Uhr wird man hier nur wenige Einheimische treffen. Das italienische Abendessen besteht aus einem *antipasto* (erste Vorspeise), einem *primo* (zweite Vorspeise) und einem *secondo* (Hauptgericht). Gemüse bestellt man häufig getrennt als *contorno* (Beilage). Nach dem Essen wird oft ein Limoncello (Zitronenlikör) oder Grappa (Tresterbrand) getrunken. Vor dem Essen kann man zwischen 19.30 Uhr und 21 Uhr einen *aperitivo* nehmen. Das Getränk kostet dann etwas mehr, doch alle Häppchen, die auf dem Tresen oder Tisch stehen, sind umsonst.

Die Florentiner kennen drei Arten von Restaurants: Ein Ristorante ist meistens recht schick, doch kombiniert mit dem Wort Pizzeria ist es in der Regel ein Familienrestaurant. Wer Lust auf eine wirklich leckere Pizza hat, sollte auf den Begriff *forno al legna* achten. Die Pizzen werden dann in einem echten Holzofen gebacken. In einer toskanischen Trattoria oder Osteria bekommt man oft nur typisch regionale Gerichte, wobei die Osteria auch eine umfangreiche Weinkarte bietet. Bei einer Enoteca dreht sich alles um Wein, dazu gibt es meist nur kleine Gerichte wie *crostoni* (eine Scheibe toskanisches Brot, warm oder kalt belegt).

Trinkgeld gibt man in Restaurants oder Bars nach eigenem Ermessen. War man mit Essen und Service zufrieden, kann man dem *cameriere* (Ober) ein paar Euros auf den Tisch legen. Der Begriff *pane e coperto*, den man fast immer auf der Rechnung findet, steht für Brot und Gedeck.

GUT ZU WISSEN

Restaurants, Bars und Geschäfte haben in Florenz eine rote Hausnummer. Diese Nummern folgen nicht der gewöhnlichen Nummerierung, also gut aufpassen.

Im Allgemeinen sind die Läden in Florenz nachmittags zwischen 13 Uhr und 15.30 Uhr geschlossen. Die Geschäfte im Zentrum haben meist durchgehend geöffnet, und in den großen Kaufhäusern kann man auch sonntags einkaufen.

Öffentliche Toiletten sucht man manchmal vergebens. Gut, wenn man dann weiß, dass Bars und Cafés gesetzlich dazu verpflichtet sind, ihre Toiletten jedermann zur Verfügung zu stellen. Mit anderen Worten: Man braucht in einer Bar oder einem Café nichts zu verzehren, um die Toilette benutzen zu dürfen.

In öffentlichen Gebäuden darf nicht geraucht werden.

Im August erreichen die Temperaturen im Zentrum von Florenz bis zu 40 °C. Die Stadt liegt in einem Talkessel, daher bleibt die Wärme oft lange hängen. Doch das hält Touristen nicht davon ab, vor allem im August Florenz zu besuchen. Kommen Sie besser im Frühling oder Spätsommer, um die Stadt 100 % zu genießen.

Wer in Florenz viele Museen und Sehenswürdigkeiten besichtigen möchte, sollte sich die *Firenze Card* besorgen. Sie ist 72 Stunden gültig und ermöglicht freien Eintritt in die Gärten und Parks der Stadt sowie in über 30 Museen. Auch der öffentliche Nahverkehr ist dann kostenlos. Die *Firenze Card* kostet 50 Euro. Weitere Informationen: *www.firenzecard.it.*

NATIONALE FEIERTAGE

Der August ist der italienische Ferienmonat schlechthin. Die kleineren Läden innerhalb und außerhalb des Zentrums können dann ein paar Wochen *chiuso per ferie* (wegen Urlaubs geschlossen) sein. Neben Neujahr, Weihnachten und Ostern gibt es in Italien die folgenden offiziellen Feiertage:

6. Januar	Heilige Drei Könige (*Befana*)
25. April	Tag der Befreiung
1. Mai	Tag der Arbeit
2. Juni	Tag der Republik
24. Juni	San Giovanni Battista (Schutzpatron von Florenz)
15. August	Mariä Himmelfahrt (*Ferragosto*)
1. November	Allerheiligen
8. Dezember	Mariä Empfängnis

HABEN SIE NOCH TIPPS?

Wir haben diesen Reiseführer mit großer Sorgfalt zusammengestellt. Da das Angebot an Geschäften und Restaurants in Florenz jedoch regelmäßig wechselt, kann es sein, dass eine Empfehlung nicht mehr existiert. Besuchen Sie in diesem Fall oder wenn Sie andere Anmerkungen oder Fragen zu diesem 100 % Cityguide haben, unsere Webseite *www.100travel.de/florenz*. Dort können Sie mit unserer Redaktion in Kontakt treten. Auch finden Sie dort aktuelle Tipps und zusätzliche Informationen zum Thema Florenz und können sich mit anderen Florenz-Besuchern direkt austauschen.

Hotels

In Florenz gibt es ein großes Hotelangebot. Man kann ein Bed & Breakfast außerhalb des Zentrums nehmen oder ein Fünfsternehotel im Herzen der Stadt. Im Folgenden finden Sie Vorschläge für jedes Budget. Die meisten Hotels sind in historischen Gebäuden untergebracht, die nicht immer einen Aufzug haben. Florenz ist recht klein und kompakt. Die Altstadt ist zu Fuß oder mit öffentlichen Verkehrsmitteln meist gut erreichbar, auch wenn man etwas außerhalb wohnt. Weitere Hotels stehen unter *www.bbitalia.it* und *www.hotelinfirenze.com*. Wer nicht vorab übers Internet bucht (wo man bis zu 50 % spart), kann versuchen, den Preis vor Ort herunterzuhandeln.

NIEDRIGE PREISKLASSE

Ⓐ Das **B&B Hotel** gibt es an drei Standorten in Florenz. Zu empfehlen ist das Capitol Firenze etwas außerhalb des historischen Zentrums. Man wohnt in der Nähe hübscher Geschäfte, weitab der Touristenmassen. Die Zimmer sind modern und funktional eingerichtet, jedoch nicht unbedingt gemütlich. Praktisch sind die zwei großen Tiefgaragen.
viale giovanni amendola 34, sant'ambrogio, www.hotelbb.it, telefon: 055 2343201, preis: ab 49 € (ohne frühstück), bus: 12 gioberti, 31,32 amendola

Ⓑ Die **Loggia Fiorentina** ist ein kleines, charmantes Familienhotel in der Nähe der Piazza San Marco. Die Zimmer sind alle unterschiedlich mit einem fröhlichen Mix aus Farben und Antikmöbeln eingerichtet. Für schmalere Geldbeutel gibt es Zimmer, bei denen man sich das Bad mit anderen teilt.
via san gallo 31, san marco, www.loggiafiorentina.com, telefon: 055 4625016, preis: ab 60 €, bus: 1 san marco, 6 accademia

Ⓒ Das Bed & Breakfast **Villa alle Rampe** ist ideal, wenn man nicht mitten im Zentrum wohnen möchte. Es liegt unweit des Viertels San Niccolò, wo man gut essen und ausgehen kann. Von hier aus lässt sich prima die Altstadt erkunden und der Sonnenuntergang vom Piazzale Michelangelo aus genießen. Die Zimmer sind schlicht, dafür aber groß – in Florenz eher eine Seltenheit.
piazza ferrucci 6/7, san niccolò, www.villaallerampe.it, telefon: 333 4772125, preis: ab 70 €, bus: 23 ricorboli, d ferucci

HOTEL ROSSO 23 Ⓖ

Ⓗ LE TRE STANZE

Ⓓ Das Bed & Breakfast **Fiorenza** liegt in einer Villa außerhalb des Zentrums hinter dem Boboli-Garten und nahe dem Piazzale Michelangelo. Die behaglichen Zimmer sind im typisch toskanischen Stil eingerichtet. Nach einem langen Tag in der Stadt laden die Hängematten im Patio oder die gemütlichen Liegestühle im romantischen Garten zum Dolcefarniente ein.
via grecchi 36, piazzale michelangelo, www.fiorenzabb.it, telefon: 055 2322183, preis: ab 75 €, bus: 11 gelsomino

Ⓔ Im **L'Acacia Residenza d'epoca** übernachtet man in einem Palazzo aus dem 16. Jahrhundert. Das Bed & Breakfast liegt in einer schmalen Gasse an der Piazza Santa Croce. Die beiden geräumigen Appartements haben jeweils ein farbliches Thema und sind klassisch-modern eingerichtet. Die Lage ist weniger touristisch, und dennoch befindet man sich in der Nähe schöner Cafés und Restaurants.
via dei pepi 7, santa croce, www.acaciafirenze.com, telefon: 055 244750, preis: ab 85 €, bus: 23, c3 benci

MITTLERE PREISKLASSE

Ⓕ Im **Antica Dimora Firenze** schläft man in einem echt florentinischen Himmelbett. Das historische Gebäude liegt relativ ruhig in der Nähe der Piazza San Marco. Die Zimmereinrichtung im toskanischen Stil mit dunklen Holzmöbeln sorgt für ein gemütliches Ambiente. Neben diesem Hotel besitzen die Eigentümer noch vier weitere "Residenzen" in Florenz.
via san gallo 72, san marco, www.johanna.it, telefon: 055 4627296, preis: ab 90 €, bus: 1 san marco

Ⓖ Hotel **Rosso 23** eröffnete erst vor Kurzem und ist schon jetzt ein Erfolg. Das große Hotel ist mit modernem italienischem Design eingerichtet, wobei die Farbe Rot dominiert. Die Zimmer sind zwar etwas klein, doch das ist für florentinische Verhältnisse normal. Das Hotel liegt zentral auf der schönen Piazza Santa Maria Novella, nahe am Hauptbahnhof.
piazza santa maria novella 23, www.hotelrosso23.com, telefon: 055 277300, preis: ab 90 €, bus: 36, 37 santa maria novella

Ⓗ Wer etwas Extravagantes sucht, sollte sich das Bed & Breakfast **Le Tre Stanze** anschauen. Die vier Zimmer sind mit modernem Design und Vintagemöbeln eingerichtet, was ein außergewöhnliches, kreatives Flair herbeizaubert. Das Haus ist nur 30 Meter vom belebten Domplatz entfernt und trotzdem ein kleiner Ruhepol. Im Sommer kann man es sich im Garten gemütlich machen.
via dell'oriuolo 43, duomo, www.letrestanze.it, telefon: 329 2128756, preis: ab 120 €, bus: c1, c2 oriuolo

(I) Am Rand des quirligen Arbeiterviertels Oltrarno, in der Nähe vom Ponte Vecchio, liegt **Floroom**, ein exklusives Bed & Breakfast mit Blick auf die hübsche Piazza della Passera. An den Wänden der vier Zimmer hängen große Bilder von Florenz, die Einrichtung ist schwarz-weiß gehalten. Man muss minimal zwei Übernachtungen buchen, doch das lohnt sich.
via del pavone 7, oltrarno, www.floroom.com, telefon: 055 2302462, preis: ab 120 €, bus: c3 san jacopo

Ⓙ Am Rand des Zentrums, in der Nähe der Piazza Santa Croce, liegt das exklusive **Hotel Home Florence**. Hier wird Luxus mit gemütlichem Ambiente kombiniert. Alle Zimmer sind mit weißen, modernen Möbeln und einem Hauch von Gold minimalistisch eingerichtet. Abends kann man vom Dachgarten aus den Sonnenuntergang betrachten oder im nahen Viertel San Niccolò gemütlich essen gehen.
piazza piave 3, santa croce, www.hhflorence.com, telefon: 055 243668, preis: ab 150 €, bus: 14 zecca vecchia

HOHE PREISKLASSE

Ⓚ Etwas außerhalb des Zentrums liegt eine echt florentinische Wassermühle, das **Mulino di Firenze**. Die schönen, toskanisch eingerichteten Zimmer bieten fast alle einen Blick auf den Arno. Mit dem öffentlichen Nahverkehr ist das Hotel nicht einfach zu erreichen, doch es gibt einen kostenlosen Shuttleservice und einen Fahrradverleih. So ist man in weniger als 20 Minuten im Zentrum.
via villamagna 119, firenze sud, www.mulinodifirenze.com, telefon: 055 6530279, preis: ab 200 €, bus: 23 nave a rovezzano

Ⓛ Im luxuriösen Boutique-Hotel **J. K. Place** auf der Piazza Santa Maria Novella fühlt man sich sofort wohl. Dafür sorgt der stimmungsvolle Mix aus 50er-Jahre-Stil, Neoklassizismus- und Art-déco-Mobiliar. Vorherrschend sind die Farben Blau, Mintgrün und Beige. Jedes Zimmer ist anders eingerichtet. Wer einfach nur mal hereinschauen möchte, kommt am besten sonntags zum Brunch.
piazza santa maria novella 7, www.jkplace.com, telefon: 055 2645181, preis: ab 300 €, bus: 36, 37 santa maria novella

Ⓜ Dem Modedesigner Salvatore Ferragamo gehören fünf prachtvolle, sehr elegante Hotels in Florenz, darunter das **Gallery Hotel Art**. Das Fünfsternehotel liegt nahe der noblen Einkaufsstraße Via Tornabuoni. Samstags und sonntags wird drinnen und draußen auf dem kleinen Platz gebruncht. Dann kann man auch einen Blick in Ferragamos fantastisches Möbelgeschäft direkt nebenan werfen.
vicolo del oro 5, lungarno degli acciaioli, www.galleryhotelart.com, telefon: 055 27263, preis: ab 320 €, bus: c1 strozzi, 6 tornabuoni

Transport

Der **Flughafen** von Florenz heißt im Volksmund Peretola, doch der offizielle Name lautet Amerigo Vespucci. Er ist nicht groß und liegt etwas außerhalb im Norden der Stadt. Von den meisten deutschen Großstädten aus gibt es Direktflüge nach Florenz. Wer mit dem Billigflieger Ryanair reist, landet allerdings in Pisa.

Von Peretola aus kostet ein Taxi ins Zentrum etwa 20 Euro. Der **Shuttlebus** Vola in Bus fährt jede halbe Stunde vom Flughafen bis zum Hauptbahnhof im Stadtzentrum (einfache Fahrt 5 Euro). Wer in Pisa ankommt, der nimmt den **Pendelbus** von Terravision für 10 Euro ins Zentrum (*www.terravision.eu*) oder den **Zug** vom Flughafen Pisa zum Florentiner Hauptbahnhof. Eine Fahrkarte kostet 5,80 Euro (*www.trenitalia.it*). Pendelbus und Zug brauchen etwa eine Stunde für die Strecke Pisa–Florenz.

Die Stadt lässt sich auch ohne öffentlichen Nahverkehr sehr gut zu Fuß entdecken. Wer dennoch durch die Altstadt fahren möchte, nimmt einen der kleinen **Elektrobusse** der Linien C1, C2, C3 und D. Sie fahren praktisch an allen Sehenswürdigkeiten im Zentrum vorbei. Die "großen" Busse umfahren den Stadtkern, halten aber fast alle an der Piazza San Marco und auch am Hauptbahnhof. Zu Fuß erreicht man von dort aus die Piazza del Duomo in nur 10 Minuten. Die Busfahrkarten kosten 1,20 Euro und sind 90 Minuten gültig. Man muss sie im Bus abstempeln (lassen). Wer regelmäßig mit dem Bus fahren möchte, nimmt die Carta Agile (10 Euro für zehn Fahrten) oder das *biglietto a quattro corse* (4,70 Euro für vier Fahrten). Die Fahrkarten bekommt man an jedem Zeitungskiosk und in jeder *bar/tabacchi*. Hinter dem Bahnhof fährt die Straßenbahn nach Scandicci, einem Florentiner Außenbezirk. Die Busfahrkarten gelten dort ebenfalls.

Taxis dürfen in Florenz nicht auf der Straße halten. Bei Bedarf geht man zum Taxistandplatz, zum Beispiel auf der Piazza Repubblica oder der Piazza del Duomo. Man kann auch telefonisch über die Nummer 055 4242 ein Taxi bestellen. Die Tarife sind recht hoch, vor allem abends und an Sonn- und Feiertagen.

Fahrräder werden in Florenz immer beliebter, und jedes Jahr kommen neue Radwege hinzu. Aber aufgepasst, der Verkehr hat sich noch nicht an die Radfahrer gewöhnt. Vom Zentrum aus kann man schön am Arno entlangradeln. Sportliche nehmen den Fahrradweg, der von der Piazza Ferucci zum Piazzale Michelangelo hinaufführt. Mehr Informationen über Radwege in Florenz stehen auf *www.piste-ciclabili.com*. Bei Segway & Bike Rental, direkt hinter der Piazza del Duomo (*www.italycruiserbiketours.com*), kann man ein Rad mieten. Es gibt auch die Möglichkeit, an den acht wichtigsten Punkten der Stadt, zum Beispiel am Hauptbahnhof oder auf der Piazza Santa Croce, ein Rad von der Stadt zu leihen (8 Euro pro Tag).

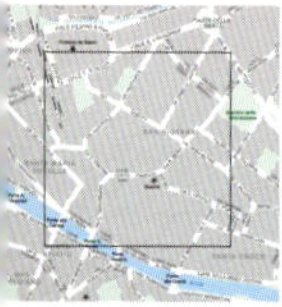

Duomo, Santa Maria Novella, San Lorenzo & San Marco

Echt florentinisches Arbeiterviertel zwischen Markt und Prachtbauten

Der Duomo (Dom) ist der Mittelpunkt von Florenz und bildet eine unsichtbare Grenze zwischen dem "volkstümlichen" Norden und dem "schicken" Süden der Innenstadt. Auf dem Domplatz ist meist recht viel los, doch zum Glück ist er seit einigen Jahren autofrei. So haben alle genug Platz, um Fotos zu machen und sich für eine der vielen Sehenswürdigkeiten anzustellen, die man hier besuchen kann. Abends kehrt jedoch Ruhe ein. Der Platz ist dann kaum beleuchtet und verbreitet eine geheimnisvolle Stimmung.

Santa Maria Novella heißt nicht nur das Viertel, sondern auch eine Kirche und der Hauptbahnhof von Florenz. Einheimische benutzen für Letzteren häufig die Abkürzung SMN. In den letzten Jahren wurde viel getan, um den Verfall des Viertels einzudämmen. Der Platz vor der Kirche wurde vollständig renoviert, sodass er jetzt einen frischen und sauberen Eindruck hinterlässt.

1

Wenn ein Florentiner "San Lorenzo" sagt, meint er damit meistens den Markt von San Lorenzo. Die Kirche San Lorenzo, Namensgeberin des Marktes, liegt hinter den vielen Ständen versteckt. Rund um die Markthalle locken viele Lokale, in denen abends immer etwas los ist. Die Gegend ist recht touristisch, aufgepasst also, dass man nicht übers Ohr gehauen wird. Das Viertel mag etwas armselig und schmutzig wirken, doch es verzaubert durch den unverkennbaren Charme eines florentinischen Arbeiterviertels.

Im Studentenviertel San Marco sieht man hauptsächlich große, elegante Gebäude. Hier befindet sich eine der wichtigsten Abteilungen der Universität Florenz: die Architekturfakultät. Sie liegt in der Accademia di Belle Arti, dem "Zuhause" von Michelangelos David. Die Piazza Santissima Annunziata ist nicht ganz so beliebt wie die anderen Plätze der Stadt, aber gewiss nicht weniger schön. Die Treppen des Platzes eignen sich hervorragend für eine kurze Verschnaufpause.

6 Insider-Tipps

Duomo besteigen

Die Aussicht von der Kuppel des Doms genießen.

Mrs Macis

In diesem netten Laden ein ausgefallenes Kleid erstehen.

Grom

Unbedingt das Eis des Monats probieren.

Basilica della Santissima Annunziata

Die geheimnisvolle Atmosphäre dieser Kirche entdecken.

Funkybird

Sich von frischem Blumenduft verzaubern lassen.

Mercato Centrale

Gekochtes Rindfleisch bei Nerbone essen.

- **Sehenswürdigkeiten**
- **Shoppen**
- **Essen & Trinken**
- **100 % there**

Sehenswürdigkeiten

(2) Die **Santa Maria del Fiore**, oder im Volksmund einfach Duomo, ist das Wahrzeichen der Stadt. Arnolfo di Cambio begann 1296 mit dem Bau, der letztendlich über 150 Jahre dauern sollte. Blickfang ist die riesige Kuppel, deren Inneres ein Fresko von Vasari schmückt. Neben dem Dom steht der Campanile (Glockenturm). Die 414 Treppenstufen sind eine echte Kletterpartie, aber dafür wird man mit einem wunderbaren Blick belohnt. Im Museo dell' Opera di Santa Maria del Fiore erfährt man mehr über den Dom, man kann die Pietà von Michelangelo im Original bestaunen.
piazza del duomo, www.operaduomo.firenze.it, telefon: 055 2302885, geöffnet: mo-mi & fr 10.00-17.00, do 10.00-15.30, sa 10.00-16.45, so 13.30-16.45, eintritt: frei, bus: c2 roma

(4) Direkt gegenüber dem Duomo steht der **Battistero**. Diese Taufkapelle ist vor allem wegen ihrer drei großen Bronzetüren bekannt, deren berühmteste sich an der Ostseite des Gebäudes befindet (Nähe Dom). Auf ihr sind Szenen aus dem Alten Testament abgebildet. Michelangelo nannte diese Tür die "Porta del Paradiso", "das Tor zum Paradies".
piazza san giovanni, www.operaduomo.firenze.it, telefon: 055 2302885, geöffnet: mo-sa 12.15-19.00, so 8.30-14.00, eintritt: 4 €, bus: c2 roma

(7) Im **Museo Nazionale Alinari della Fotografia** sind über vier Millionen Fotos archiviert, die alle aus dem Fotolabor der Gebrüder Alinari stammen. In der Dauerausstellung reist man durch die Geschichte der Fotografie. Im anderen Teil des Museums finden Wechselausstellungen zeitgenössischer Fotografen statt.
piazza di santa maria novella 14, www.mnaf.it, telefon: 055 216310, geöffnet: mo-di & fr-so 10.00-18.30, eintritt: 9 € (mo 6 €), kinder bis 5 j. frei, bus: 36, 37 santa maria novella

⑩ **BASILICA DI SANTA MARIA NOVELLA**

⑩ Die **Basilica di Santa Maria Novella** mit ihrer schönen Fassade aus weißem und grünem Marmor ist eines der bekanntesten Beispiele der Florentiner Renaissance. Beim Eintreten sieht man sofort das berühmte Fresko *La Trinità* von Masaccio aus dem Jahr 1428. Als eines der ersten Fresken wurde es perspektivisch gemalt, ein wichtiges Merkmal der Renaissancekunst.
piazza di santa maria novella 18r, www.chiesasantamarianovella.it, telefon: 055 219257, geöffnet: mo-do & sa 9.00-17.30, fr 11.00-17.30, so 13.00-17.00, eintritt: 3,50 €, kinder bis 5 j. frei, bus: 36, 37 santa maria novella

⑫ Die **Cappelle Medicee** (Medici-Kapellen) beherbergen das Mausoleum der einflussreichen Florentiner Bankiersfamilie de' Medici und sind Teil der Basilica di San Lorenzo, der Hauskirche der Medici. In der Cappella dei Principi kann man das Prunkgrab besichtigen, das den Glanz der Familie für die Nachwelt erhalten sollte. In der Sagrestia Nuova sieht man die berühmten Allegorien *Tag, Nacht, Morgendämmerung* und *Abenddämmerung* von Michelangelo.
piazza di madonna degli aldobrandini 6, www.operamediceaIaurenziana.it, telefon: 055 2388602, geöffnet: 21. märz-31. okt. & 26. dez.-9. jan. täglich 8.15-16.50 (in den restlichen monaten 8.15-13.50), so & mo gelegentlich geschlossen, eintritt: 6 €, 18-25 j. 3 €, bus: c1 san lorenzo

⑮ Der **Palazzo Medici Riccardi** wurde im Auftrag von Cosimo de' Medici erbaut. Bis 1540 bewohnte die Familie Medici den Palast, danach zogen die Riccardis dort ein. Ein Teil des Palazzo Medici Riccardi wird als Museum genutzt, Höhepunkt ist die Cappella dei Magi. Diese winzige Kapelle wurde vom Renaissancemaler Gozzoli mit Szenen aus dem florentinischen Alltag versehen.
via camillo cavour 1, www.palazzo-medici.it, telefon: 055 2760340, geöffnet: mo-di & do-so 9.00-19.00, eintritt: 7 €, kinder 6-12 j. 4 €, bus: c1 san lorenzo

⑲ Der **Chiostro dello Scalzo** ist einer der verborgenen Schätze der Stadt. Durch diesen Klostergang betrat man früher eine Kapelle, die Johannes dem Täufer geweiht war. Sehenswerte monochrome Fresken stellen das Leben des Heiligen dar.
via camillo cavour 69, www.polomuseale.firenze.it/musei/chiostroscalzo, telefon: 055 2388604, geöffnet: mo, do, sa 8.15-13.50, eintritt: frei, bus: c1 salvestrina

㉑ Die **Galleria dell'Accademia** diente der Kunstakademie nebenan als Museum und ist vor allem wegen ihres berühmtesten "Bewohners" bekannt: Michelangelos *David*. Anfangs stand die Statue auf der Piazza della Signoria, doch Ende des 19. Jahrhunderts zog *David* in das Museum, in dem noch andere berühmte Skulpturen von Michelangelo zu sehen sind. Es lohnt sich, die Karten vorher zu reservieren, um Wartezeiten zu vermeiden.
via ricasoli 60, www.uffizi.firenze.it/musei, telefon: 055 2388609, geöffnet: di-so 8.15-18.50, eintritt: 6,50 €, 18-25 j. 3,25 €, bus: 6 accademia

㉓ Die **Basilica della Santissima Annunziata** wurde bereits 1250 gestiftet, doch gegen Mitte des 15. Jahrhunderts grundlegend umgebaut. Der überwältigende romanische Innenbereich, die barocke Ausstattung, die Orgeln und antiken Leuchter verleihen der Kirche eine eigenartige, geheimnisvolle Stimmung.
via cesare battisti 6, telefon: 055 266181, geöffnet: täglich 7.30-12.30 & 16.00-18.30, eintritt: frei, bus: 6 museo archeologico, 31, 32 colonna

㉔ Das **Museo Archeologico Nazionale** wurde 1870 gegründet und zeigt die bedeutendste etruskische Sammlung der Welt, darunter die berühmte Bronzestatue *Chimäre von Arezzo*. Ferner sind auch römische, griechische und ägyptische Funde zu sehen. Bei schönem Wetter kann man samstags im Garten des Museums die etruskischen Gräber besichtigen.
via della colonna 36, telefon: 055 23575, geöffnet: mo 12.00-19.00, di & do 8.30-19.00, mi & fr-so 8.30-14.00, eintritt: 3 €, 18-25 j. 2 €, bus: 31, 32 colonna

BASILICA DELLA SANTISSIMA ANNUNZIATA ㉓

㉛ Wer sich für Sitten und Bräuche von Völkern auf der ganzen Welt interessiert, sollte das **Museo Nazionale di Antropologia e Etnologia** besuchen. Die beeindruckende Sammlung umfasst über zehntausend Objekte aus aller Herren Länder. In der Ozeanien-Abteilung sieht man Gegenstände, die der Entdecker Cook von seinen Reisen mitbrachte.
via del proconsolo 12, telefon: 055 2396449, geöffnet: mo-di, do-fr & so 9.00-13.00, sa 9.00-17.00, eintritt: 6 €, 6-14 j. 3 €, bus: c1, c2 proconsolo

30

CUCINA
MAROCCHINA
HARIRA • COUS COUS
TAJINE • PASTILLA
e tanto altro...
A PRANZO e A CENA
11

Essen & Trinken

(5) La **Boulangerie** serviert echte französische Baguettes. Man kann sich im Erdgeschoss einen Platz suchen oder sich im ersten Stock ans große Fenster setzen, wenn man ausgiebiger tafeln möchte. Auf der Tageskarte steht meistens auch Carpaccio oder Pasta. Am Wochenende gibt es Brunch.
via de' rondinelli 24r, www.ilrifrullo.com, telefon: 055 281658, geöffnet: täglich 8.00-20.00, preis: kaffee mit baguette 6 €, bus: c1, 22 antinori

(6) In Japan entspannt man sich nach einem langen Tag bei einem Teller Suppe in einer Nudelbar, die es dort fast an jeder Straßenecke gibt. In Florenz geht man zu **Banki Ramen**. Obwohl die Nudelbar eher klein und ungemütlich ist, ist die Nudelsuppe auf jeden Fall einen Besuch wert. Wer einen Sitzplatz erwischt, hat Glück, denn Reservieren ist nicht möglich.
via dei banchi 14r, telefon: 055 213776, geöffnet: mo-fr 19.00-22.00, sa 12.30-14.30 & 19.00-22.00, preis: menü ramen 10 €, bus: 36 santa maria novella

(11) Die beiden Mosaikspringbrunnen lassen keinen Zweifel: **Derb** ist ein typisch marokkanisches Lokal. Man kann zu Mittag und zu Abend essen oder sich einfach bei einer aromatischen Tasse Tee auf das kissenbestückte Sofa lümmeln. Wer die herrlichen marokkanischen Gerichte zu Hause nachkochen will, sollte unbedingt einen Tajine mitnehmen, den es neben marokkanischem Geschirr, Spiegeln und Mode in dem kleinen Geschäft gibt.
via faenza 21r, www.derb.it, telefon: 055 218963, geöffnet: di-sa 12.00-23.00, so 17.00-23.00, preis: mittag- und abendessen 8 €, bus: 6 panzani

(20) Appetit auf etwas Herzhaftes? In der **Focacceria Pugi** gibt es köstliche *schiacciata*, eine toskanische Focaccia-Variante. Den Einheimischen zufolge ist Pugi die beste Adresse für dieses typische Fladenbrot mit Olivenöl und Salz. Tipp: Ein Stück Focaccia oder Pizza mitnehmen und einfach auf den Stufen der Piazza Santissima Annunziata genießen.
piazza san marco 9b, www.focacceria-pugi.it, telefon: 055 280981, geöffnet: mo-sa 7.45-20.00, preis: pizza ab 1,60 €, bus: 6 accademia

(28) Es war einmal ein Prinz, der den Gästen in seinem Schloss die köstlichsten Gerichte servierte. Eines Tages beschloss er, seine Leidenschaft mit allen Florentinern zu teilen. So entstand das Ristorante **La Giostra**. Inzwischen haben seine Zwillingssöhne das romantische Restaurant übernommen. Das Menü – italienische Gerichte mit österreichischem Einfluss – ist nicht ganz günstig, doch die Antipasti sowie ein Glas Prosecco gibt es gratis. Probieren Sie unbedingt das riesige Wiener Schnitzel, serviert mit Tomaten, Salat und Soßen. Und lassen Sie noch etwas Platz für die Sachertorte.
borgo pinti 12r, www.ristorantelagiostra.com, telefon: 055 241341, geöffnet: mo-fr 13.00-14.30 & 19.00-spät, sa-so 19.00-spät, preis: wiener schnitzel 20 €, bus: 23 sant'egidio

(30) Das französische Flair des **Ristorante e Vineria Gastone** täuscht: Hier behält die italienische Küche die Oberhand. Auf die Darbietung der Speisen wird großer Wert gelegt, und so ist jedes Gericht ein kleines Kunstwerk. Ein Tipp für Hobbyköche: Gastone organisiert auch Kochkurse.
via matteo palmieri 26r, www.gastonefirenze.it, telefon: 055 2638763, geöffnet: mo-sa 12.00-15.00 & 19.00-23.00, preis: 40 €, bus: c1, c2 proconsolo

(33) Zu jedem Gericht den passenden Wein? Das bekommt man in der kleinen, gemütlichen Enoteca **Coquinarius**. Neben Antipasti, Käse- und Wurstplatten steht auch Pasta auf der Karte. Die Weinkarte ist nicht so umfangreich, wie man vielleicht erwartet, doch es sind sehr erlesene Tropfen darunter. Abends sollte man reservieren.
via delle oche 15r, www.coquinarius.it, telefon: 055 2302153, geöffnet: mo-sa 9.00-spät, preis: 25 €, bus: c1, c2 proconsolo

(34) Die lange Schlange beweist es: Die Gelateria **Grom** ist eines der besten Eiscafés der Stadt. Hier wird Eis noch ganz traditionell zubereitet: Die Sorten sind auf die Jahreszeiten abgestimmt und die Zutaten von höchster Qualität.
via delle oche 24r, www.grom.it, telefon: 055 216158, geöffnet: täglich apr.-sept. 10.30-0.00 & nov.-märz 10.30-23.00, preis: eis ab 2 €, bus: c1, c2 proconsolo

GROM

Shoppen

① Das Modelabel **Patrizia Pepe** wurde 1993 in Florenz ins Leben gerufen und ist seitdem bei den Florentinerinnen äußerst beliebt. Hier gibt es neben der eleganten Kleidung dazu passende Taschen und schicke Schuhe. Herrenkleidung wird in der Filiale in der Via degli Strozzi (zwischen Piazza Repubblica und Piazza Strozzi) angeboten.
piazza san giovanni 12r, www.patriziapepe.com, telefon: 055 2645056, geöffnet: täglich 10.00-19.30, bus: c2 roma

⑨ In dem kleinen Geschäft **Dolceforte** bekommt man herrliche Schokolade von alteingesessenen Herstellern aus der Toskana und dem Piemont. Im Sommer gibt es auch Pasta, Balsamico, Gewürze und Olivenöl.
via della scala 21r, www.dolceforte.it, telefon: 055 219116, geöffnet: mo-sa 10.00-13.00 & 15.30-20.00, bus: 23 scala

⑯ Wer nach dem schlichten Design italienischer Gebrauchsgegenstände mal etwas anderes sehen möchte, geht zu **Skandinavia**. Dort ist alles farbenfroh – von geblümten Schürzen über originelle Regencapes bis hin zu Pippi-Langstrumpf-Geschirrtüchern und Badelaken mit rosa Elefanten.
via dei ginori 23r, www.skandinavia-firenze.it, telefon: 055 289507, geöffnet: mo-sa 10.00-19.30, bus: c1 ginori

⑰ **The-Store** bietet coole Alltagskleidung unterschiedlicher Labels. Hier gibt es die englische Marke Superdry, aber auch weniger bekannte italienische Labels wie Frankie Garage. Mit rund 400 m^2 hat das Geschäft auch Platz für witzige Gadgets und ausgefallene Accessoires.
via dei ginori 20r, www.the-store.it, telefon: 055 282510, geöffnet: mo-di 12.00-19.30, mi-sa 10.00-19.30 & dez. so 12.00-19.00, bus: c1 ginori

⑱ Die Inhaberin von **Fuxia** hat den *bozzolino* erfunden, ein witziges Accessoire, mit dem man die Haare zusammenbindet. Ihren eigenen Schmuck verkauft sie hier ebenfalls. Wer Lust hat, sich eine eigene Kette zu Hause selbst zu basteln, der bekommt hier einen "Baukasten".
via camillo cavour 65r, www.fuxiafirenze.com, telefon: 055 215860, geöffnet: mo-sa 10.30-19.30, bus: c1 cavour

26

27

9

(17) **THE-STORE**

(22) **Funkybird** sollte man auf keinen Fall verpassen. Die Inhaberin ist Floristin und Künstlerin. In ihrem netten Laden verkauft sie außer frischen Blumen auch selbst entworfene T-Shirts, schöne Bilder, originelle Lederarmbänder von Jecka und Accessoires fürs Haus von Bloomingville.
via cesare battisti 5r, www.funkybird.it, telefon: 055 2776332, geöffnet: mo-di & do-sa 9.30-13.30 & 15.00-19.00, so 10.30-13.30, bus: 14 ss. annunziata - istituo degli innocenti

(25) Nach 70 Jahren beschloss Dino **Bartolini**, sein Haushaltswarengeschäft zu schließen. Ganz Florenz war perplex: Bartolini macht zu! Zum Glück wurden die florentinischen Hausfrauen und Hobbyköche im November 2010 mit einem neuen Laden voller praktischer Küchenaccessoires, schönem Geschirr und witziger Gadgets überrascht.
via dei servi 72r, www.bartolinifirenze.it, telefon: 055 291497, geöffnet: di-sa 10.00-19.30, mo 15.30-19.30, bus: c1 alfani, 23 pucci

(26) Viele wissen nicht, dass die Brille um 1284 von dem Florentiner Salvino D'Armato erfunden wurde. Aber auffallend ist, dass die Florentiner gern mit (Sonnen-)Brillen herumlaufen. Das elegante Brillengeschäft **L'Occhialaio** hat sich auf exzentrische Fassungen spezialisiert und bietet ein reiches Sortiment an Sonnenbrillen und Accessoires.
via dei servi 55-57r, telefon: 055 211776, geöffnet: di-sa 9.00-13.00 & 15.30-19.30, bus: c1 alfani, 23 pucci

(27) Obwohl man auch in anderen Ländern Taschen von Gabs bekommt, ist ein Exemplar aus Florenz doch etwas Besonderes, denn hier kommen sie her. Bei **Tuorlo** gibt es die neuesten Modelle dieser farbenfrohen Taschenmarke. Die japanische Inhaberin verkauft auch ihren eigenen Schmuck aus Leder, Knöpfen und Glasperlen.
via sant'egidio 9r, www.tuorlo-kimi.com, telefon: 055 2001013, geöffnet: mo 15.00-19.30, di-sa 10.30-13.30 & 14.30-19.30, bus: 23 sant'egidio

(29) Wer einen echten Hingucker sucht, ist bei **Mrs Macis** genau richtig. Die Modedesignerin fertigt aus den Stoffen der 50er-, 60er- und 70er-Jahre die tollsten Kleider. Taschen und Textilschmuck hat sie ebenfalls im Sortiment.
borgo pinti 38r, telefon: 055 2476700, geöffnet: mo 16.00-19.30, di-sa 10.30-13.00 & 16.00-19.30, bus: c1 alfani, 23 sant'egidio

(32) Bei **Echo** bekommt man ausgefallene, schicke Kleidung. Die kreative Inhaberin und Modedesignerin Paola Ermini verkauft fröhliche Sommerkleider und hübsche Accessoires. Eine gute Adresse für bezahlbare italienische Mode.
via dell'oriuolo 27r, www.echofirenze.it, telefon: 055 2381149, geöffnet: mo-sa 10.00-19.30, so 15.30-19.30, bus: c1, c2 oriuolo

100 % there

③ Auf die Kuppel des **Duomo** zu gelangen, ist kein Kinderspiel (463 Stufen), doch die Anstrengung lohnt sich. Unterwegs kommen die Fresken von Vasari zum Greifen nahe, und die architektonische Meisterleistung von Brunelleschi sieht man ganz aus der Nähe. Oben angekommen, eröffnet sich ein phänomenaler Blick auf den Dom und die Stadt. Will man Gedränge und Hitze in der Hochsaison vermeiden, besucht man die Kuppel am besten morgens.
piazza san giovanni, www.operaduomo.firenze.it, telefon: 055 2302885, geöffnet: mo-fr 8.30-19.00, sa 8.30-17.40, eintritt: 8 €, bus: c2 roma

⑧ Die **Officina profumo e farmaceutica di Santa Maria Novella** ist die älteste Apotheke Europas und wurde 1221 von Dominikanermönchen gegründet. Man kann durch die herrlich duftenden kleinen Säle wandern, wo Eichenschränke mit Glasflaschen und Porzellantöpfen voller Parfum und Potpourri stehen. Im kleinen Museum gibt es alte Werkzeuge zu sehen. Dort wird auch erklärt, wie Medikamente und Düfte hergestellt wurden, und es werden Parfums, Duftmischungen, Seifen und Liköre verkauft.
via della scala 16, www.smnovella.it, telefon: 055 216276, geöffnet: täglich laden 9.30-19.30, museum 10.30-19.00, eintritt: frei, bus: 23 scala

⑬ Auf dem **Mercato di San Lorenzo** findet man hauptsächlich Stände mit Lederjacken, Koffern, Schmuck, Schals, Hüten und Kappen. Feilschen wird erwartet, also geben Sie Ihr Bestes. Aber passen Sie auf Ihre Tasche auf, im Gedränge schlagen Taschendiebe gerne zu.
piazza san lorenzo, geöffnet: 10.00-18.00, bus: c1 san lorenzo

⑭ Auf dem Markt von San Lorenzo steht der **Mercato Centrale**. Die Markthalle wurde von dem Architekten Giuseppe Mengoni entworfen, der auch für die berühmte Einkaufsgalerie Galleria Vittorio Emanuele in Mailand zeichnete. Hier gibt es frisches Gemüse, Obst, Fisch, Fleisch und eine gute Flasche Wein. Appetit? Das *panino con bollito* (Kochfleisch-Sandwich) in der berühmten Trattoria da Nerbone ist eine Delikatesse.
via dell'ariento 87r, telefon: 055 214070, geöffnet: mo-sa 7.00-14.00, bus: c1 san lorenzo

OFFICINA PROFUMO E FARMACEUTICA DI SMN (8)

Duomo, Santa Maria Novella, San Lorenzo & San Marco

SPAZIERGANG 1

Los geht's auf der Piazza del Duomo, wo man gut shoppen (1) und vieles entdecken (2) (3) (4) kann, dann auf der Via dei Cerretani weiter in Richtung Bahnhof. Links ab in die Via de'Rondinelle (5). Geradeaus und nach dem Palazzo Antinori rechts, dann wieder rechts in die Via delle Belle Donne bis ganz ans Ende. Rechter Hand in der Via dei Banchi gibt es abends köstliche japanische Suppen (6). Unter den Arkaden linker Hand liegt das Museo Alinari (7). Besuchen Sie die älteste Apotheke (8) und kaufen Sie Schokolade (9) in der Via della Scala. Zurück zur Piazza Santa Maria Novella und dem schönen Fresko (10). Rechts der Kirche zur Piazza dell'Unità Italiana. Dann den Platz überqueren und links vom Grand Hotel Majestic in die Via Sant'Antonino. Rechts in die Via Faenza auf eine Tasse Tee (11). Am Ende sehen Sie auf der Piazza di Madonna degli Aldobrandini die berühmte Kapelle (12). Links ab in die Via dell'Ariento und den Markt (13) besuchen. Durch oder um den Mercato Centrale (14) herum und über den Borgo la Noce zurück auf die Piazza San Lorenzo. Das Gebäude mit den enormen Quadersteinen an der Ecke ist der Palazzo Medici Riccardi (15). Links ab in die Via dei Ginori zum Shoppen (16) (17). Am Ende rechts in die Via Guelfa und direkt links in die Via Camillo Cavour (18). Geradeaus zum verborgenen Schatz der Stadt (19) oder zur Piazza San Marco zu einem köstlichen Imbiss (20) und dem David (21). Über die Via Cesare Battisti, am Blumengeschäft vorbei (22) zur Piazza Santissima Annunziata (23) (24). Gegenüber der Kirche entlang der Via dei Servi (25) (26) in Richtung Dom. Kurz vorher links ab in die Via Maurizio Bufalini, die in die Via Sant'Egidio (27) übergeht. Ein Stück weiter links liegt der Borgo Pinti (28) (29). Keine Lust? Dann die Straße überqueren und unter dem Gewölbe (Volta di San Piero) durch zur Via Matteo Palmieri (30). Rechts in die Via dei Pandolfini und am Ende der Straße wieder rechts in die Via del Proconsolo (31). Zu Echo (32) geht man am Ende rechts in die Via dell' Oriuolo. Man kann auch kurz vor dem Domplatz in die Via dei Maccheroni einbiegen und der Straße folgen, der Dom bleibt rechterseits. Über die Kreuzung (Via dello Studio) und rechts in die Via delle Oche zu einem Glas Wein (33) oder einem Eis (34).

2

In den Einkaufsstraßen Via Roma und Via Calzaiuoli liegen die beliebtesten Ladenketten. Hier trifft sich vor allem am Wochenende die Jugend. Auf der großen Piazza Repubblica kann man gemütlich in einem Straßencafé sitzen, doch die Preise sind hier höher als anderswo.

Sant'Ambrogio zieht noch nicht so viele Touristen an, dennoch gibt es einiges zu entdecken. Das lebendige Arbeiterviertel hat, neben vielen Geschäften und Lokalen, auch zwei hübsche Märkte: den Florentiner Flohmarkt auf der Piazza dei Ciompi und am Morgen den Markt von Sant'Ambrogio.

Die Piazza Santa Croce ist ein gemütlicher Platz, auf dem sich am Abend die Florentiner Jugend trifft. Jedes Jahr am 24. Juni kämpfen hier vier Stadtteile beim Calcio Storico um den Sieg. Bei diesem Fußballspiel, das schon seit 600 Jahren stattfindet, treten die Spieler in Kostümen gegeneinander an. Gut ausgehen und essen kann man in der Via dei Benci. Freitags und samstags trinkt man hier abends gern ein Gläschen und zwar einfach auf der Straße.

6 Insider-Tipps

Basilica di Santa Croce

Michelangelos Grab besuchen.

Mercato di Sant'Ambrogio

Italienische Marktszenen genießen.

500 Touring Club Firenze

In einem Fiat 500 die Umgebung erkunden.

Libreria Brac

Vegetarisch essen und im Buchladen stöbern.

Loggia del Mercato Nuovo

Eine Münze in das Maul des Schweins legen.

Luisa via Roma

Die neuesten Modetrends entdecken.

- Sehenswürdigkeiten
- Essen & Trinken
- Shoppen
- 100 % there

Sehenswürdigkeiten

(1) Die Familien Strozzi und Medici waren rivalisierende Bankiers. 1478 gab Filippo Strozzi den Auftrag zum Bau des imposanten **Palazzo Strozzi**, um seinen ewigen Feind auszustechen. Im ersten Stock werden gegenwärtig Ausstellungen von internationalen Künstlern gezeigt. Im Innenhof kann man bei Giacosa einen Kaffee trinken oder bei Agoraz ein schönes Buch erstehen. Darunter liegt das sehenswerte Kulturzentrum Strozzina.
piazza strozzi, www.palazzostrozzi.org, telefon: 055 2645155, geöffnet: (ausstellungen) fr-mi 9.00-20.00, do 9.00-23.00, eintritt: 10 €, bus: c1 strozzi

(5) In San Pancrazio, einer der ältesten Kirchen von Florenz, befindet sich das **Museo Marino Marini**. Marini (1901–1980) war ein bekannter italienischer Bildhauer der Moderne. Die Ausstellung beginnt mit seiner prachtvollen, 6 m hohen Plastik *Pferd und Reiter*. Eine andere Arbeit Marinis steht übrigens vor dem Eingang der Neuen Pinakothek in München.
piazza san pancrazio, www.museomarinomarini.it, telefon: 055 219432, geöffnet: mo & mi-sa 10.00-17.00, eintritt: 4 €, bus: 6 vigna nuova

(10) Die Säulenhalle des **Mercato Nuovo**, besser bekannt als Loggia del Porcellino, wird schon seit ihrem Bau im 16. Jahrhundert als Marktplatz genutzt. Heute werden dort Souvenirs, Lederjacken und Taschen verkauft. Hier steht auch das berühmte Porcellino, die Bronzeskulptur eines Schweins. Man muss ihm über die glänzende Schnauze reiben und eine Münze ins Maul legen. Fällt die Münze in das darunterliegende Gitter, bringt das Glück.
piazza del mercato nuovo, geöffnet: (markt) märz-nov. mo-so 9.00-20.00, dez.-febr. di-so 9.00-19.30, bus: c1 porta rossa

(11) Das Museum des **Palazzo Davanzati** zeigt eindrucksvoll, wie der Florentiner Adel im Mittelalter lebte. Alle Zimmer in den drei Stockwerken sind mit farbenfrohen Wandmalereien geschmückt. Die Originalmöbel, Objekte und Kunstwerke schicken den Betrachter auf eine Zeitreise.
via porta rossa 13, telefon: 055 2388610, geöffnet: eg & 1. stockwerk: täglich 8.15-13.50, so & mo gelegentlich geschlossen, 2. & 3. stockwerk: führung nach voranmeldung (10.00-11.00-12.00), eintritt: eg & 1. stock frei, 2. & 3. stockwerk 2 €, 18-25 j. 1 €, bus: c1 porta rossa

⑯ PIAZZA DELLA SIGNORIA

⑭ Im Auftrag von Cosimo I. de' Medici begann Giorgio Vasari im Jahr 1560 mit dem Bau der Uffizien (**Galleria degli Uffizi**). Das Gebäude diente anfangs noch der Stadtverwaltung als Büro, doch schon bald beschloss Cosimos Sohn, die Ostseite als Museum zu nutzen. Zehn Jahre später wurde es dem Publikum zugänglich gemacht – für die damalige Zeit eine außergewöhnliche Entscheidung. Heute gehören die Uffizien zu den wichtigsten Museen der Welt, mit Werken von Leonardo da Vinci, Rubens, Caravaggio und Rembrandt. In der Hochsaison sollte man die Karten vorher reservieren, um lange Wartezeiten zu vermeiden.

piazzale degli uffizi 6, www.uffizi.firenze.it, telefon: 055 2388651, geöffnet: di-so 8.15-18.50, eintritt: 6,50 €, 18-25 j. 3,25 €, bus: c1 galleria degli uffizi

(16) Auf der **Piazza della Signoria** steht der markante Palazzo Vecchio, das Rathaus der Stadt. Er wurde Ende des 13. Jahrhunderts erbaut und dominiert mit seinem 94 m hohen Turm das Stadtbild von Florenz. Im Museum kann man den beeindruckenden Saal der Fünfhundert (Salone dei Cinquecento) besichtigen, der im 15. Jahrhundert den fünfhundert Ratsmitgliedern als Versammlungsort diente. Neben dem Palazzo Vecchio liegt der Neptunbrunnen (Fontana del Nettuno) von Ammanati, der erste öffentliche Brunnen der Stadt, sowie die Skulpturengalerie Loggia dei Lanzi. Höhepunkt der Statuensammlung ist die gut 3 m hohe Bronzeskulptur *Perseus* von Cellini.
piazza della signoria, www.museicivicifiorentini.it/palazzovecchio, telefon: 055 2768325, geöffnet: mo-mi & fr-sa 9.00-0.00, do 9.00-14.00, eintritt: 6.00 €, 18-25 j. 4,50 €, 4-17 j. 2 €, bus: c1 galleria degli uffizi

(20) Schon bevor man das **Museo Nazionale del Bargello** betritt, sieht man bereits durch die großen Fenster, was einen hier erwartet. Der Großteil des Museums ist der Bildhauerei gewidmet und beherbergt eine der bedeutendsten Sammlungen Italiens. Höhepunkte sind der *Trunkene Bacchus* von Michelangelo und der *David* von Donatello.
via del proconsolo 4, telefon: 055 2388606, geöffnet: täglich 13. juli-2. apr. 8.15-13.50, 3. apr.-12. juli 8.15-17.00, mo gelegentlich geschlossen, eintritt: 4 €, 18-25 j. 2 €, bus: c2 proconsolo

(30) Die einzige "üppige" Verzierung der **Basilica di Santa Croce** ist die neogotische Fassade, die erst fünf Jahrhunderte nach dem Bau hinzugefügt wurde. Die Franziskaner, die Gründer der Kirche, strebten nach einem Leben ohne Luxus. Dennoch entwickelte sich die Basilika zu einer der reichsten Kirchen der Stadt, da die wohlhabenden Florentiner die Franziskaner für eine Ruhestätte im Kircheninneren bezahlten. Galileo Galilei, Michelangelo und Machiavelli sind unter anderem hier begraben. Die berühmte Cappella dei Pazzi, deren Kuppel man schon von der Piazza Santa Croce aus sehen kann, wurde von Brunelleschi erbaut. Angemessene Kleidung (bedeckte Schultern und Beine) wird bei einem Besuch vorausgesetzt.
piazza santa croce, www.santacroceopera.it, telefon: 055 2001642, geöffnet: mo-sa 9.30-17.00, so 14.00-17.00, eintritt: 6 €, 11-17 j. 3 €, bus: 23, c3 benci

Essen & Trinken

(2) Im Café **Colle Bereto** sitzt man zwischen Geschäftsleuten und dem Personal der Luxusboutiquen. Es gibt Salate, aber auch reich belegte Burger. Kostenloses WLAN ist ebenfalls vorhanden. Auf den Papier-Tischsets steht das Programm des nahe gelegenen Palazzo Strozzi und des Odeon-Kinos. Später am Abend wandelt sich die Bar zu einem beliebten Treffpunkt gut betuchter Jugendlicher. Die große Terrasse ist das ganze Jahr über geöffnet.
piazza strozzi 5r, www.colleberetocafe.it, telefon: 055 283156, geöffnet: täglich 8.00-3.00, preis: mittagessen 15 €, cocktail 8 €, bus: c1 strozzi

(6) Lust auf einen Kaffee beim Florentiner Modedesigner Roberto Cavalli? Im **Café Giacosa**, direkt neben Cavallis Boutique, mischt man sich unter elegante Damen und Herren und genießt exquisite Pralinen und Schoko-Eier mit Zebrastreifen und Leopardenprint, ganz im Roberto-Cavalli-Stil.
via della spada 10r, www.caffegiacosa.com, telefon: 055 2776328, geöffnet: mo-fr 7.30-20.30, sa 8.00-21.00, so 12.30-20.30, preis: espresso 1 €, bus: c1 strozzi

(12) Bei **'ino**, Traiteur und Enoteca in einem, stellt man sein Lieblingssandwich aus typisch italienischen Zutaten zusammen. Tipp des Eigentümers Alessandro Frassica: ein Sandwich mit rohem Schinken, Tapenade, frischem Ziegenkäse und Tomaten. Und dazu ein Glas (Bio-)Wein oder ein Bier.
via dei georgofili 3r-7r, http://ino-firenze.com, telefon: 055 219208, geöffnet: täglich 11.00-17.00, preis: sandwich und ein glas wein 10 €, bus: c1 galleria degli uffizi

(13) Als die Mafia 1993 neben den Uffizien eine Bombe zündete, wurden die umliegenden Gebäude schwer beschädigt. Heute kann man in einem dieser – inzwischen schön renovierten Häuser – luxuriös tafeln. **Ora d'Aria** ist ein modernes Restaurant mit schlichter grau-weißer Einrichtung. Vom Tisch aus schaut man in die offene Küche und kann dort dem Chefkoch Marco Stabile bei der Arbeit zusehen.
via dei georgofili 11r, www.oradariaristorante.com, telefon: 055 2001699, geöffnet: di-sa 12.30-14.30 & 19.30-22.00, mo 19.30-22.00, preis: mittagessen 17 €, abendessen 65 €, bus: c1 galleria degli uffizi

MOYO (32)

(17) Den Sandwichladen **I Due Fratellini** gibt es schon seit 1875. Er ist winzig klein, doch die Brötchen sind großartig. Wer sich hineingezwängt hat, sollte auch ein Glas Wein bestellen. Sitzplätze gibt es nicht, aber man kann sich draußen auf den Gehsteig setzen oder einfach im Stehen essen.
via dei cimatori 38r, www.iduefratellini.com, telefon: 055 2396096, geöffnet: mo-sa 9.00-19.00, preis: brötchen 2,50 €, bus: c1 orsanmichele

(19) Das Eiscafé **Perchè No** gehört zu den besten Gelaterias der Stadt. Das Eis wird aus natürlichen Zutaten hergestellt. Lassen Sie sich jedoch von den Menschenmengen nicht abschrecken, die Bedienung arbeitet schnell.
via dei tavolini 19r, www.percheno.firenze.it, telefon: 055 2398969, geöffnet: mo & mi-so 12.00-20.00, preis: eis 2 €, bus: c1 orsanmichele

(24) **Sugar & Spice** ähnelt mit seiner weiß-rosa Retroeinrichtung einer amerikanischen Bäckerei aus den Fünfzigern. Die köstlichen Torten, Cookies und Brownies werden jeden Tag im hinteren Teil des Geschäfts zubereitet.
borgo la croce 15r, www.sugar-spice.it, telefon: 055 499503, geöffnet: di-sa 10.00-19.30, preis: kaffee & kuchen 3,50 €, bus: c3 sant'ambrogio

(25) **Ganzo** ist das florentinische Wort für "cool". Das schicke Restaurant gehört zu einer großen kulinarischen Kette, weshalb die meisten Gerichte einen internationalen Touch haben. Zur Mittagszeit herrscht eine lockere Atmosphäre, abends geht es formeller zu.
via dei macci 85r, www.ganzoflorence.com, telefon: 055 241076, geöffnet: mo-sa 12.00-0.00, preis: mittagessen 10 €, bus: c3 sant'ambrogio

(29) **Tijuana**, ein urgemütliches mexikanisches Lokal, füllt sich vor allem am Wochenende mit Einheimischen. Der Raum hängt voller mexikanischer Souvenirs und wird fast ausschließlich von Kerzen erleuchtet. Man darf keine kulinarischen Highlights erwarten, kann aber in netter Atmosphäre essen.
via ghibellina 156r, www.tijuanaristorante.it, telefon: 055 2341330, geöffnet: täglich 19.00-2.00, preis: burrito 10 €, bus: c2 ghibellina

(31) Die japanische Küche ist bei der florentinischen Jugend sehr beliebt, daher wimmelt es nur so von japanischen Restaurants. Empfehlenswert ist **Kome**. Es gibt Sushis vom Band in der Sushi-Bar (*kaiten*), und im ersten Stock kann man japanisch grillen (*yakiniku*). In jeden Tisch ist ein Grill eingelassen, auf dem Fleisch, Fisch und Gemüse zubereitet werden.
via dei benci 41r, www.komefirenze.it, telefon: 055 2008009, geöffnet: sushi-bar: mittagessen mo-sa 12.00-15.00, abendessen so-mi 19.00-23.00, do-sa 19.00-0.00, bbq: mo-sa 19.30-23.00, preis: sushi 3,50 €, bbq 25 €, bus: 23, c3i

(32) Die Bar **Moyo** hat den ganzen Tag über geöffnet und ist dank ihrer köstlichen Burger ideal für einen unkomplizierten Lunch. Wegen des kostenlosen WLAN sitzen hier tagsüber viele ausländische Studenten. Abends füllt sich die Bar mit Florentinern, die auf ein Bier oder einen Cocktail vorbeischauen.
via dei benci 23, www.moyo.it, telefon: 055 2479738, geöffnet: täglich 8.00-3.00, preis: salat 8 €, cocktail 8 €, bus: 23, c3 benci

LIBRERIA BRAC (34)

(34) **Libreria Brac** ist eines der wenigen Restaurants der Stadt, das vegane und vegetarische Gerichte anbietet. Man kann hier zu Mittag essen (wenn man nicht in Eile ist) und abends romantisch bei Kerzenlicht speisen. Im gemütlichen Innenhof schmecken die köstlichen *tagliatelle al ragù di seitan* besonders gut. Wer an Büchern interessiert ist, kann diese im Buchgeschäft des Restaurants lesen und kaufen.
via dei vagellai 18r, www.libreriabrac.net, telefon: 055 0944877, geöffnet: mo-sa 11.00-0.00, so 12.00-20.00, preis: 15 €, bus: 23, c3 benci

Shoppen

(4) Billig sind sie nicht gerade, aber dafür ein echter Blickfang am Arm: Die Taschen der Florentiner Modedesignerin Carla **Braccialini** verdienen schon fast den Namen "Kunst mit Henkel". Witzige Schlüsselanhänger und Gürtel gibt es auch.
via della vigna nuova 30r, www.braccialini.it, telefon: 055 288442, geöffnet: mo 15.00-19.00, di-sa 10.00-19.00, bus: 6 vigna nuova

(7) Lust auf ein originelles Outfit? **Gerard Loft** ist einer der coolsten Läden von Florenz. Hier gibt es die neuesten Vintage- und Streetwear-Trends von Marken wie Marc Jacobs, Stone Island, Adidas Limited und dem eigenen Label von Gerard Loft.
via dei pecori 34-36r, www.gerardloft.com, telefon: 055 282491, geöffnet: so & mo 14.30-19.30, di-sa 10.00-19.30, bus: c1 pecori

(8) Nicht nur aus ganz Italien strömen Fashionistas zu **Luisa via Roma**, denn hier gibt es heiße Modetrends und angesagte Designerkleidung auf drei Stockwerken. Auf dem Dachgarten kann man zu Mittag essen und dann mit dem Elektroauto zum Outlet fahren, um dort noch ein hübsches und günstiges Andenken für zu Hause mitzunehmen.
via roma 19/21r, www.luisaviaroma.com, telefon: 055 9064116, geöffnet: mo-sa 10.00-19.30, so 11.00-19.00, bus: c1 roma

(21) Bei **Pitti Vintage** gibt es neben origineller Kleidung auch klassische Schuhe und Schmuck. Die Inhaberin des gemütlichen Ladens entwirft selbst Kleider aus italienischen Vintage-Stoffen. Auf den exklusiven Stücken prangt die Silhouette von ihrem Mops Maya. Hinten im Geschäft findet man auch Herrenkleidung.
borgo degli albizi 72r, www.pittivintage.com, telefon: 055 2344115, geöffnet: mo 15.30-19.30, di-sa 10.00-13.30 & 15.00-19.30, bus: c2 proconsolo

GERARD LOFT 7

㉝ **SUBDUED**

㉓ **Dr. Vranjes** ist vor allem wegen seiner luxuriösen Hausparfums bekannt, die in attraktiven Glasflakons verkauft werden. Im ganzen Haus riecht es verlockend. Eine Flasche mit Holzstäbchen reicht für etwa drei Monate. Tipp: das Granatapfelparfum.

borgo la croce 44r, www.drvranjes.it, telefon: 055 241748, geöffnet: mo 15.30-19.30, di-sa 10.00-13.00 & 15.30-19.30, bus: c3 sant'ambrogio

(27) Erlesenen Tee gibt es bei **La Via del Tè**. Der lose Tee wird in großen, dunkelgrünen Dosen aufbewahrt. Man hat die Wahl aus über dreihundert Sorten und Geschmacksrichtungen. Einen frisch aufgebrühten Tee bekommt man hier auch, vom Personal fachkundig zubereitet.
piazza lorenzo ghiberti 22r, www.laviadelte.it, telefon: 055 2344967, geöffnet: mo 16.00-19.30, di-sa 9.30-13.30 & 16.00-19.30, bus: c3 sant'ambrogio

(28) Chiara Fresia, die Inhaberin von **Il Cuore delle Cose**, reist auf der Suche nach originellen Einrichtungsgegenständen und Möbeln durch ganz Frankreich. Sie verkauft stilvolle Lampen, aber auch hübsche gusseiserne Herzen und französisches Bauernporzellan.
piazza lorenzo ghiberti 9r, www.ilcuoredellecosefirenze.blogspot.com, telefon: 055 2001620, geöffnet: di-sa 10.00-13.30 & 15.30-19.30, im sommer sa geschlossen, bus: c3 sant'ambrogio

(33) Bei **Subdued** gibt es legere Outfits und Accessoires. Der junge, frische Stil von Shop und Kleidung lässt amerikanische Wurzeln vermuten, doch die Marke ist durch und durch italienisch.
via dei benci 4r, www.subdued.it, telefon: 055 2469064, geöffnet: mo 15.30-19.30, di-sa 10.00-19.00, bus: 23, c3 benci

(35) In der **Fattoria San Michele a Torri** bereitet der freundliche Eigentümer auf Bestellung frische Pasta mit traditionellen Pastamaschinen zu. Wer eine Portion mitnimmt, kann zu Hause die echt italienischen Aromen genießen. Frische Pasta muss allerdings innerhalb von fünf Tagen gegessen werden. Neben Teigwaren bekommt man hier auch Wein, Fleisch, Käse und Olivenöl vom Bauernhof San Michele a Torri.
via dei rustici 6r, telefon: 055 289009, geöffnet: mo 16.00-20.00, di-sa 8.00-13.00 & 16.00-20.00, im sommer mo 8.00-13.00 & 16.00-20.00, sa 8.00-13.00, bus: 23, c3 benci

⑨ EDISON BOOKSTORE

100 % there

③ Das **Cinema Odeon** ist ein alter Kinosaal im Art-nouveau-Stil und vor allem bei ausländischen Studenten beliebt. Montags, dienstags und donnerstags werden englische Filme im Original gezeigt, ohne italienische Synchronisation. Gute Idee für einen verregneten Tag.
piazza degli strozzi 2r, www.odeon.intoscana.it, telefon: 055 214068, geöffnet: täglich (für programm siehe website), eintritt: 7,50 €, bus: c1 strozzi

⑨ **Edison Bookstore**, die größte und bestsortierte Buchhandlung der Stadt, ist bis spätabends geöffnet. Im obersten Stock gibt es englischsprachige Bücher. Im zweiten Stock befindet sich ein kleines Café, in dem man etwas essen oder sich bei einem Buch und einer Tasse Tee entspannen kann.
piazza della repubblica 27r, www.libreriaedison.it, telefon: 055 213110, geöffnet: mo-sa 9.00-0.00, so 10.00-0.00, preis: mittagessen 5,50 €, bus: c2 roma

⑮ Der **Corridoio Vasariano**, der "geheime Korridor", wurde von Vasari für Cosimo I. de' Medici erbaut und führt von den Uffizien über den Ponte Vecchio bis zum Palazzo Pitti. So brauchte sich der Großherzog nicht mit dem "gemeinen Volk" zu umgeben, wenn er vom Rathaus nach Hause ging. Heute hängen im überdachten Gang prachtvolle Gemälde. Höhepunkt ist eine Sammlung von Selbstporträts von berühmten Künstlern wie Rembrandt, Rubens und Bernini. Man kann den Gang nur zu bestimmten Zeiten mit einem Führer besuchen und muss weit im Voraus reservieren.
piazzale degli uffizi 6, www.uffizi.firenze.it, telefon: 055 294883, für öffnungszeiten siehe website , eintritt: 14 €, bus: c1 galleria degli uffizi

⑱ Wer die Stadt mit dem Fahrrad entdecken möchte, der bucht eine der lohnenswerten Touren von **I Bike Florence**. Man fährt hauptsächlich durch autofreie Zonen und erkundet das Zentrum so auf sichere und originelle Art.
via de' lamberti 1, www.ibikeflorence.com, telefon: 055 0123994, geöffnet: täglich märz-okt., abfahrt um 10.00 & 15.00, preis: 29 €, bus: c1 orsanmichele

(22) Auf der schönen Piazza dei Ciompi findet der **Mercato delle Pulci** (Flohmarkt) statt. Die Stände sind voller Antiquitäten, Möbel aus den 1950er- und 1960er-Jahren, alter Knöpfe und Puppen sowie getragener Brautkleider. Ein herrlicher Ort für Profi-Stöberer.
piazza dei ciompi, geöffnet: mo 15.30-19.30, di-sa & letzter so im monat 10.00-13.00 & 15.30-19.30, bus: c3 sant'ambrogio

(26) Auf dem **Mercato di Sant'Ambrogio** ist schon früh am Morgen viel los. Man sollte zeitig aufstehen, wenn man die typisch italienischen Marktszenen miterleben möchte. Die Verkäufer bringen Gemüse, Obst, Gewürze und nicht zuletzt köstlichen Büffelmozzarella laut schreiend an den Mann. Es gibt auch Schmuck, Kleidung und Porzellan.
piazza lorenzo ghiberti, geöffnet: mo-sa 7.00-14.00, mi & fr 7.00-19.00, bus: c3 sant'ambrogio

(36) Wer schon immer mal in einem kleinen Fiat 500 fahren wollte, sollte eine Runde mit dem **500 Touring Club Firenze** buchen. Bei der "Must-do"-Tour kutschiert man entspannt im Konvoi zwei Stunden lang durch die Hügel rund um Florenz, Audiotour inklusive.
via vinegia 23r, www.500touringclub.com, telefon: 334 9965836, preis: classic tour ab 50 € pro person, bus: c1 galleria degli uffizi

500 TOURING CLUB FIRENZE ㊱

Via Tornabuoni, Piazza Signoria, Sant'Ambrogio & Santa Croce

SPAZIERGANG 2

Der Spaziergang beginnt in der schicken Via Tornabuoni. Von da geht es geradeaus zum Palazzo Strozzi (1). Über den Innenhof zur Piazza Strozzi (2) (3), zurück zur Via Tornabuoni und links in die Via della Vigna Nuova (4). Am Ende rechts in die Via de' Federighi und zum Museum auf der Piazza San Pancrazio (5). Rechts in die Via della Spada auf eine Tasse Kaffee (6) und dann wieder links zur Via Tornabuoni. Geradeaus und rechts in die Via d'Agli, die in die Via dei Pecori (7) mündet. Die Straße überqueren und kurz vor dem Domplatz rechts in die Via Roma (8). Über die Piazza della Repubblica (9) und beim Mercato Nuovo (10) rechts ab in die Via Porta Rossa (11). Zurück zur Via Por Santa Maria, weiter zum Ende und kurz vor dem Ponte Vecchio links abbiegen. Unter dem Gewölbe hindurch und am Ende links in die Via dei Georgofili (12) (13). Nach dem Olivenbaum (14) (15) rechts ab, und weiter zur Piazza della Signoria (16). Neben dem Restaurant Il Cavallino in die Canto de' Giugni, geradeaus zur Via de' Cerchi und links in die Via dei Tavolini zum Sandwich-Essen (17). Die Straße zur Via dei Lamberti (18) überqueren, um eine Radtour zu buchen. Ansonsten rechts ab, weiter durch die Via dei Calzaiuoli und ein Eis genießen (19). In der Via dei Calzaiuoli rechts ab in die Einkaufsstraße Via del Corso. Zum Bargello-Museum (20) geht man am Ende rechts in die Via del Proconsolo, ansonsten hinüber zum Borgo degli Albizi (21). Die Via Giuseppe Verdi überqueren, links bleiben und geradeaus in die Via Pietrapiana, am Markt vorbei (22). Ein Stück weiter gibt es Parfums (23) und Torte (24), dann wieder zurück und links ab in die Via dei Macci (25). Links liegt die schöne Piazza Lorenzo Ghiberti (26) (27) (28). Weiter durch die Via de' Macci und rechts in die Via Ghibellina. Mexikanisches Essen gibt es ein Stück weiter (29), oder links ab in die Via dei Pepi zur Basilica di Santa Croce (30). Am Ende des Platzes links in die Via dei Benci, wo es feines Essen (31) (32) und ein neues Outfit gibt (33). An der Kreuzung kann man rechts in die Via dei Vaggellai zu einem vegetarischen Imbiss einbiegen (34) oder ebenfalls rechts in die Via dei Neri, wo es in der zweiten Straße frische Pasta gibt (35). Danach durch die Via dei Neri und zweimal rechts in die Via Vinegia, um eine Fahrt im Fiat 500 zu buchen (36).

3

der Stadt liegen. Am "Strand" des Arno, gegenüber der Torre di San Niccolò, kann man von Juni bis September kostenlos Liegestühle, Sonnenschirme und Duschen nutzen.

Die Florentiner flanieren für ihr Leben gern. Eine unverfälschte "Flaniermeile" ist der Piazzale Michelangelo, wo es vor allem am Wochenende äußerst lebhaft zugeht. Von diesem prachtvollen Platz aus reicht die Aussicht über die ganze Stadt – ideal für Urlaubsfotos und ein erfrischendes Eis. Um den Platz herum befinden sich ausgedehnte Parks und prachtvolle Villen. Hier lernt man die grüne, ruhige Seite von Florenz kennen. Ein Spaziergang durch die engen Straßen, die sich langsam hinunter Richtung Stadt schlängeln, zum Beispiel die romantische Via San Leonardo, ist ein einmaliges Erlebnis.

6 Insider-Tipps

Piazzale Michelangelo

Bei Sonnenuntergang stimmungsvolle Fotos von der Stadt machen.

Giardino dei Boboli

Im schönsten Garten der Toskana zur Ruhe kommen.

Luca Quadri & Mobili

Florentinisches Handwerk entdecken.

Ponte Vecchio

Die Aussicht über den Arno genießen.

Il Magazzino

Ein echt florentinisches Gericht probieren.

Vivanda

Einen köstlichen Biowein trinken.

- **Sehenswürdigkeiten**
- **Shoppen**
- **Essen & Trinken**
- **100 % there**

Sehenswürdigkeiten

(1) Der **Ponte Vecchio** wurde im Mittelalter über das schmalste Stück des Arno gebaut, um die geschäftigen Handelsviertel der Stadt zu verbinden. Im 15. Jahrhundert befanden sich noch viele Metzgereien auf der Brücke, die ihre Abfälle in den Fluss warfen und einen bestialischen Gestank verursachten. Im 16. Jahrhundert mussten die Metzger den Goldschmieden weichen. Die meisten der "hängenden" Werkstätten sind erhalten geblieben und geben der Brücke ihren besonderen Charakter. In den kleinen Geschäften wird noch heute mit Gold und Edelsteinen gehandelt. Mitten auf der Brücke steht die Büste von Benvenuto Cellini, einem berühmten Goldschmied und Bildhauer. Verliebte Paare brachten zahllose Schlösser am Gitter rund um das Denkmal an. Indem sie die Schlüssel in den Arno warfen, bewiesen sie sich ihre Liebe. Heute ist das verboten und wird mit hohen Geldbußen bestraft.
ponte vecchio, bus: d ponte vecchio, c3 san jacopo

(9) Vom Ponte Vecchio hat man einen guten Blick auf die schöne Kuppel der **Chiesa di San Frediano in Cestello**. Die Kirche ist ein typisches Beispiel für die späte Florentiner Barock-Architektur. Leider wurde die Fassade nie vollendet. Sie wirkt zwar nüchtern und streng, doch im Inneren dominiert der romantische Neoklassizismus. In der Mitte der Kirche sieht man in der Kuppel Fresken von Gabbiani sowie ein Gemälde des Künstlers Jacopo del Sellaio aus dem 15. Jahrhundert.
piazza di cestello 4, telefon: 055 215816, geöffnet: mo-sa 9.00-11.30 & 16.30-17.30, so 10.00-11.30 & 17.00-18.00, eintritt: frei, bus: 6 cestello

(10) Die **Cappella Brancacci**, die zur Basilica di Santa Maria del Carmine gehört, ist wegen ihrer prachtvollen Fresken berühmt. Die meisten stammen von Tommaso Masaccio (1401–1428) und gelten als echte Meisterwerke. Mit seinem Malstil, der von Figuren voller Emotion und Dramatik, einem besonderen Lichteinfall und vor allem von Perspektive geprägt ist, legte Masaccio die Grundlagen für die frühe Renaissancemalerei.
piazza del carmine 14, telefon: 055 2768224, geöffnet: mo & mi-sa 10.00-17.00, so 13.00-17.00, eintritt: 4 €, 18-25 j. 3 €, bus: d carmine

① PONTE VECCHIO

(16) In dem Kloster links neben der Chiesa di Santo Spirito ist die **Fondazione Salvatore Romano** untergebracht. Das Museum wurde benannt nach dem neapolitanischen Antiquitäten- und Kunsthändler Salvatore Romano, der dem Kloster seine Sammlung gotischer Plastiken schenkte. Neben antiken Möbeln und romanischen Skulpturen kann man hier auch die prachtvollen Fresken *Letztes Abendmahl* und *Kreuzigung* von Andrea Orcagna sehen.
piazza santo spirito 29, www.museicivicifiorentini.it/romano, telefon: 055 287043, geöffnet: apr.-okt. sa 9.00-17.00, nov.-märz sa 10.30-13.30, eintritt: 2,20 €, 18-25 j. 1,70 €, bus: d santo spirito

(17) **La Specola** ist Europas ältestes Wissenschaftsmuseum für Zoologie und Naturgeschichte. Man kann über fünftausend ausgestopfte oder in Formaldehyd konservierte Tiere bestaunen und sich in der weltgrößten Sammlung von Wachsmodellen des menschlichen Körpers gruseln. Die nachgebildeten Leichen wurden in Anatomiestunden gezeigt und sind wahre Kunstwerke. Das bekannteste Modell *Lo Spellato* ("der Gehäutete") wurde Ende des 18. Jahrhunderts vom florentinischen Bildhauer Susini angefertigt.
via romana 17, www.msn.unifi.it, telefon: 055 2288251, geöffnet: di-so 9.30-16.30, eintritt: 6 €, 6-14 j. 3 €, bus: d pitti

(18) Der imposante **Palazzo Pitti** stammt aus der Renaissancezeit und wurde im Auftrag des Kaufmanns Luca Pitti erbaut. In dem Palast lebten schon viele Berühmtheiten wie die Medici, Napoleon Bonaparte und die königliche Familie Savoyen. Heute beherbergt er unter anderem ein Museum für moderne Kunst, ein Silber- und ein Kostümmuseum. Auch die Galleria Palatina und die königlichen Wohnräume sind sehenswert. In den beeindruckenden, mit Gold, Fresken und roten Seidentapeten bedeckten Sälen hängen schöne Gemälde, zum Beispiel *Il Concerto* von Tizian. Die elf prachtvollen kristallenen Kronleuchter im historischen Ballsaal La Sala Bianca zeugen von einer reichen Geschichte. Mit der Eintrittskarte für die Galleria Palatina kann man auch das Museum für moderne Kunst besuchen.
piazza dei pitti 1, www.uffizi.firenze.it, telefon: 055 2388614, geöffnet: galleria palatina di-so 8.15-18.50, eintritt: 8,50 €, 18-25 j. 4,25 €, bus: d pitti

(23) Das lohnenswerte **Museo Stefano Bardini** trägt den Namen eines Antiquitätenhändlers aus dem 19. Jahrhundert, der das Museum gründete, bevor er der Stadt seine kostbare Sammlung hinterließ. Die Werke – von unter anderem Donatello – werden außerordentlich schön präsentiert. Die kobaltblaue Wand mit kunstvoll bearbeiteten (leeren) Goldrahmen in der Sala delle Cornici könnte glattweg aus einer Designzeitschrift stammen. Natürlich geht es um Kunst, Möbel und Teppiche aus dem Mittelalter und der Renaissance, doch bekommt man den Eindruck, man sei bei einem Innenarchitekten zu Besuch.
via dei renai 37, www.museicivicifiorentini.it, telefon: 055 2342427, geöffnet: sa-mo 11.00-17.00, eintritt: 5 €, 18-25 j. 4 €, bus: d torrigiani, c3 mozzi

(29) Vom **Piazzale Michelangelo** hat man einen herrlichen Blick über die Stadt. In der Ferne sieht man die Kuppel des Doms und den Turm des Palazzo Vecchio. Die grünen Kuppeln gehören zur Synagoge und das "Silberband" ist der Arno, der sich unter den elf Brücken von Florenz hindurchschlängelt. Die schönsten Fotos gelingen bei Sonnenauf- und Sonnenuntergang. Der Platz ist Michelangelo gewidmet. In der Mitte befindet sich eine Hommage an den berühmten Künstler: eine Kopie seines *David* und der vier allegorischen Figuren, die die Morgendämmerung, den Tag, die Abenddämmerung und die Nacht darstellen.
piazzale michelangelo, bus: 12, 13 piazzale michelangelo

10

PSITTACIDAE
17

17

Essen & Trinken

④ **Olio & Convivium** erweckt den Anschein einer Gastronomie-Werkstatt. Alle typisch toskanischen Produkte kann man zwar auch kaufen, doch der Fokus liegt auf dem Restaurant. Lust auf ein ausgedehntes Mittagessen oder ein romantisches Diner in einem der kleinen Säle? Der "Küchen-Raum" bietet einen Blick auf die Küche, wo übrigens auch Kurse gegeben werden. Im "Wein-Raum" sitzt man umringt von Weinregalen mit edlen Tropfen, und im "Olivenöl-Raum" werden die verschiedensten Olivenölsorten verkostet.
via santo spirito 4, www.conviviumfirenze.it, telefon: 055 2658198, geöffnet: mo 12.00-15.00, di-sa 12.00-14.30 & 19.00-22.30, preis: mittagessen 18 €, bus: d sant'agostino

⑤ **Il Santo Bevitore** ist eine moderne Trattoria, in der die Qualität des Essens und des Weins an erster Stelle steht. Ob gut durchdachte italienische Gerichte, Käseplatten oder köstlich eingelegtes Gemüse, hier findet jeder etwas Leckeres. Wer ein romantisches Essen plant, sollte versuchen, einen Tisch in einem der kleineren Räume zu bekommen. Das Restaurant ist bei Einheimischen sehr beliebt und fast jeden Tag voll, abends sollte man daher besser reservieren.
via santo spirito 66r, www.ilsantobevitore.com, telefon: 055 211264, geöffnet: mo-sa 12.00-15.00 & 19.30-1.00, preis: 30 €, bus: d sant'agostino, 36 serragli

⑥ **Momoyama** ist bei der wohlhabenden florentinischen Jugend sehr beliebt. In dem modernen, japanischen Restaurant sitzt man gegenüber der offenen Küche, wo frische Sushis zubereitet werden. Es gibt auch einige Plätze im Innenhof.
borgo san frediano 10r, www.momoyama.it, telefon: 055 291840, geöffnet: di-so 19.30-2.00, preis: 50 €, bus: d sant'agostino, 36 serragli

IL MAGAZZINO ㉑

⑮ BORGO ANTICO

⑦ Auf der Suche nach einem gemütlichen Café für eine kleine Verschnaufpause? Bei **La Citè Libreriacafè** kann man tagsüber mit einer Tasse Kaffee in der gemütlichen Bücherecke sitzen. Abends finden häufig Jamsessions und Theatervorstellungen statt.
borgo san frediano 20r, www.lacitelibreria.info, telefon: 055 210387, geöffnet: mo-sa 10.00-1.00, zo 16.00-1.00, preis: kaffee und kuchen 3 €, bier 3 €, bus: d carmine, 36 serragli

⑪ **Vivanda** hat über 120 Bioweine im Angebot. Auch sämtliche Gerichte werden aus hausgemachten Bioprodukten zubereitet. In dieser gemütlichen Enoteca gibt es sowohl Mittag- als auch Abendessen. Lust auf ein Picknick? Lassen Sie sich ein Lunchpaket zusammenstellen. Und natürlich den Wein nicht vergessen.
via santa monaca 7r, www.vivandafirenze.it, telefon: 055 2381208, geöffnet: täglich 10.00-15.00 & 18.00-0.00, preis: lunchpaket 13 €, bus: d carmine

⑭ **Mama's Bakery** liegt etwas versteckt in einer kleinen Straße, und trotzdem herrscht hier immer viel Betrieb. Drinnen und draußen kann man leckere süße und herzhafte amerikanische Spezialitäten wie Bagels, Clubsandwiches und Pumpkin Pie genießen.
via della chiesa 34r, www.mamasbakery.it, telefon: 055 219214, geöffnet: mo-fr 08.00-17.00, sa 9.00-15.00, preis: kaffee und kuchen 3,50 €, bus: d santo spirito

⑮ Das Ristorante **Borgo Antico** ist bei Touristen und Einheimischen wegen seiner schönen Terrasse und der guten Küche beliebt, die Pizzen, Salate sowie klassische und moderne toskanische Gerichte zaubert.
piazza santo spirito 6r, www.borgoanticofirenze.com, telefon: 055 210437, geöffnet: täglich 12.00-0.00, preis: 25 €, bus: d santo spirito

㉑ *Trippa* und *lampredotto* sind typische florentinische Spezialitäten. Die Hauptzutat beider Gerichte ist Pansen. Probieren sollte man diese schmackhaften, charakteristischen Speisen am besten bei **Il Magazzino**, wo es übrigens noch mehr aus der toskanischen Küche zu entdecken gibt.
piazza della passera 2/3, www.tripperiailmagazzino.com, telefon: 055 215969, geöffnet: täglich 12.00-5.00 & 19.30-23.30, preis: lampredotto 8 €, bus: d pitti

⑦ LA CITÈ LIBRERIACAFÈ

(25) **Il Baretto di Rifrullo** hat den ganzen Tag über geöffnet. Hier bekommt man Croissants und Cappuccino zum Frühstück und kann später gut zu Mittag essen. Auch Vegetarier finden eine große Auswahl. Am Sonntagabend wird zur Happy Hour (ab 20 Uhr) ein *aperitivo* serviert. Man sollte versuchen, einen Tisch im Garten mit Blick auf die alte Florentiner Stadtmauer zu erwischen.
via san niccolò 55rr, www.ilrifrullo.com, telefon: 055 2342621, geöffnet: täglich 7.30-2.00, preis: aperitivo 10 €, bus: 23 demidoff, d cellini

(26) In der **Enoteca Fuori Porta** genießt man bei einem guten Glas Wein einfache, aber schmackhafte toskanische Gerichte wie *crostone* (toskanisches Brot, warm oder kalt belegt) oder Pasta. Auch die Käseplatten sind sehr empfehlenswert. Tipp: Die Tische draußen bieten einen schönen Blick auf das alte Stadttor.
via del monte alle croci 10, www.fuoriporta.it, telefon: 055 2342483, geöffnet: 21. märz-31. okt. täglich 12.30-0.30, 1 nov.-20 märz 12.30-16.00 & 19.00-0.30, preis: glas wein ab 3 €, mittagessen 20 €, bus: 23 demidoff, d cellini

(27) Das Restaurant **La Beppa Fioraia** liegt in einem farbenfrohen ehemaligen Blumengewächshaus – und genauso bunt ist auch die Karte. Die berühmten *tagliere* sind ein Genuss: verschiedene kleine Häppchen, serviert auf einem großen Holzteller.
via dell'erta canina 6, www.labeppafioraia.it, telefon: 055 2347681, geöffnet: täglich 12.30-15.00 & 19.30-0.00, preis: tagliere 9,50 €, bus: 23 demidoff, d cellini

Shoppen

(2) **Quelle Tre** ist die Top-Adresse für elegante Mode, Taschen, Schmuck, Slipper und sogar Puppen. Alles wird von den drei Schwestern Cecilia, Luciana und Cristiana in Handarbeit gefertigt. Wer Retrostoffe und Vintage-Farben mag, ist hier genau richtig.
via santo spirito 42r, www.quelletre.it, telefon: 055 219374, geöffnet: di-sa 11.00-13.30 & 15.00-19.00, bus: c3 san jacopo

(3) **Privé Santo Spirito** ist ein schicker Modeladen, in dem man ausgefallene Dessous, aber auch witzige dänische Clogs und gehäkelte Ohrringe findet. Außerdem gibt es Kleidung, unter anderem von der exklusiven italienischen Marke Soho De Luxe.
via santo spirito 50r, telefon: 055 289142, geöffnet: mo-sa 11.00-14.00 & 15.00-19.00, bus: c3 san jacopo

(8) Der Name sagt es bereits: Im **Twisted Jazz Shop** dreht sich alles um Jazz. In dem originellen Musikladen liegen CDs, DVDs, LPs, Poster und Karten der berühmtesten Jazzkünstler aus.
borgo san frediano 21r, telefon: 055 5282011, geöffnet: di-sa 9.30-13.00 & 16.00-19.00, bus: d carmine

(12) Bei **Luca Mobili & Quadri** ist das Talent des jungen Handwerkers, der hier sein Geschäft und Atelier betreibt, unübersehbar. Die meisten Möbel und Einrichtungsgegenstände wie Spiegel, Rahmen und Lampen wurden von ihm "gerettet" und liebevoll im *stile povero* (Shabby Chic) restauriert. Auch malt er Bilder, auf denen stets eine fahrradfahrende Figur mit Regenschirm auftaucht.
via dei serragli 16r, telefon: 055 2398857, geöffnet: mo-sa 9.00-19.30, bus: 36 serragli

(13) Die großen Spiegel und Eichentische aus dem benachbarten Möbelgeschäft Domus Aurea verleihen **Fashion Projects** ein spezielles Flair. Die freundliche Verkäuferin berät gerne, doch man kann sich auch einfach selbst zwischen den internationalen Modemarken umsehen.
via dei serragli 7r, telefon: 055 291699, geöffnet: mo 16.00-19.00, di-sa 9.30-13.00 & 16.00-19.00, bus: 36 serragli

(24) Sind Ihnen die witzigen Verkehrsschilder in der Stadt schon aufgefallen? Das schwarze Männchen, das einen weißen Balken wegträgt (Einfahrt verboten) oder das "Kreuzigungsschild" (Sackgasse)? Dann war das Ihre erste **Clet**-Erfahrung. Im Atelier des Künstlers sind diese Verkehrsschilder zu kaufen, ebenso seine Gemälde, T-Shirts, Aufkleber und Karten. Ein lustiges und ausgefallenes Andenken an die Stadt.
via dell'olmo 8, telefon: 340 7710105, geöffnet: mo-di 10.00-20.00, bus: 23 demidoff, d cellini

100 % there

(19) Vom **Giardino dei Boboli**, direkt hinter dem Palazzo Pitti, wird gesagt, er sei der schönste Garten der Toskana. Der malerische, hügelige Park voller Statuen ist im typisch italienischen Stil angelegt. Auf dem höchsten Punkt steht ein kleines Porzellanmuseum, und vom Rosengarten aus hat man einen fantastischen Blick. Die stattliche Zypressenallee Viottolone führt zum Isolotto-Teich, in dessen Mitte eine Insel voller Zitronen- und Orangenbäume liegt.
piazza pitti 1, www.uffizi.firenze.it, telefon: 055 2388786, geöffnet: täglich nov.-febr. 8.15-16.30, märz 8.15-17.30, apr.-mai & sep.-okt. 8.15-18.30, juni-aug. 8.15-19.30, eintritt: 7 €, 18-25 j. 3,25 €, bus: c3 guiccardini, d pitti

(20) Wer schon immer echt toskanisch kochen wollte, muss zu **In Tavola**. Zusammen mit dem Küchenchef kauft man frische Zutaten auf dem Mercato Centrale di San Lorenzo. In der Küche werden dann unter seiner Leitung die leckersten toskanischen Gerichte zubereitet. Für Pasta-Fans gibt es einen Pasta-Workshop.
via dei velluti 18r, www.intavola.org, telefon: 055 217672, geöffnet: mo-sa (für öffnungszeiten und workshop siehe website), preis: ab 50 €, bus: d pitti

(22) Die schöne **Villa Bardini** beherbergt zwei Museen, einen Saal für Wechselausstellungen und einen weiteren Raum für zeitgenössische Kunst. Das Museo Pietro Annigoni ist ganz dem Porträt- und Freskenmaler Annigoni (1910–1988) gewidmet. Und das Museo Fondazione Roberto Capucci zeigt die Original-"Skulpturenkleider" des Couturiers Capucci. Der Giardino Bardini eignet sich hervorragend für einen Spaziergang. Hier findet man ein Kaffeehaus, ein Fischrestaurant und eine Aperitivobar, inklusive Stadtpanorama.
costo san giorgio 2, www.bardinipeyron.it, telefon: 055 20066206, geöffnet: di-so 10.00-18.00, eintritt: 6 €, bus: 12, 13 costa scarpuccia

(28) 1865 entwarf Giuseppe Poggi, der Architekt des Piazzale Michelangelo, den **Giardino delle Rose**. In diesem Garten wachsen über 350 verschiedene Rosenarten. Ein Teil wurde als japanischer Garten gestaltet, ein Geschenk des Architekten Kitayama an die Stadt.
viale giuseppe poggi 2, telefon: 055 2342426, geöffnet: mai-juni täglich 8.00-20.00, eintritt: frei, bus: 12, 13 piazzale michelangelo

GIARDINO DEI BOBOLI (19)

(30) Die Iris ist das Symbol von Florenz, überall findet man Abbildungen dieser Blume. Der **Giardino delle Iris**, rechts neben dem Piazzale Michelangelo, steht ganz in ihrem Zeichen. Hier kann man Hunderte Sorten bestaunen und zwischen den Olivenbäumen und Rasenflächen umherspazieren. Ein zauberhaftes Kleinod für Blumenliebhaber.
piazzale michelangelo (ostseite), www.irisfirenze.it, telefon: 055 483112, geöffnet: 24 apr.-20 mai täglich 10.00-12.30 & 15.00-19.00, eintritt: frei, bus: 12, 13 piazzale michelangelo

Oltrarno, San Niccolò & Piazzale Michelangelo

SPAZIERGANG 3

Der Spaziergang beginnt auf dem Ponte Vecchio (1), dann geht es über die Brücke nach Oltrarno und zur bronzenen Bacchus-Statue rechts in den Borgo San Jacopo. Geradeaus und über die Straße zur Via Santo Spirito (2) (3) (4) (5). Am Ende die Straße erneut überqueren und geradeaus in den Borgo San Frediano (6) (7) (8). Weiter geradeaus und dann rechts in die Via di Cestello (schöne Fresken) (9). Zurück und rechts ab zur Piazza del Carmine und weiteren Fresken (10). Vor der Kirche links in die Via Santa Monica (11). Am Ende links in die Via dei Serragli und den Handwerker Luca besuchen (12). Hier die Straße überqueren und zurück zur Kreuzung (13). Erneut über die Straße und geradeaus durch die Via dei Serragli. Nach 100 m links in die Via della Chiesa (leckere Bagels) (14), weiter bis zum Ende und dann links in die Via delle Caldaie. Über die Via Mazetta zur Piazza Santo Spirito (15) (16). Zurück und links in die Via Mazzetta. Am Ende der Straße rechts in die Via Romana zum Zoologischen Museum (17) oder links ab zum Palazzo Pitti (18) (19). Gegenüber dem Palast den Sdrucciolo dei Pitti hinauf und am Ende rechts in die Via Maggio. Wieder rechts und in die schmale Via dei Velluti (20), am Ende links in Richtung Piazza della Passera (echte *trippa*) (21). Auf dem Platz rechts in die Via dello Sprone und am Ende links in die Via Guiccardini. Über die Straße zur Piazza Santa Felicità, links an der Kirche vorbei und rechts in die Costa San Giorgio. An der Kreuzung rechts hinauf. Zur Villa Bardini (22) geht es geradeaus. Ansonsten biegen Sie links in die Costa Scarpuccia ein. Rechts ab in die Via dei Bardi zum (zweiten) Eingang des Gartens der Villa Bardini. Links zur Piazza dei Mozzi (23) und geradeaus in Richtung Fluss. Rechts in die Lungarno Serrestori und ein Stück am Arno entlang. Die erste Straße rechts, und links um den Park herum. Rechts in die Via dell'Olmo (24) und links vor der Kirche in die Via San Miniato, hier ist Zeit für eine Ruhepause (25). Unter dem historischen Tor hindurch (26) und rechts in die Via dell'Erta Canina, um im Blumengewächshaus zu essen (27). Ansonsten weiter geradeaus durch die Via delle Monte alle Croci und die Treppe hoch zum Piazzale Michelangelo – wunderbare Aussicht über die Stadt (28) (29) (30).

BASILICA DI SAN MINIATO AL MONTE Ⓝ

Ⓟ Die **Certosa del Galluzzo** wurde im 14. Jahrhundert von dem Florentiner Bankier Niccolò Acciaiuoli gestiftet und später von Zisterziensermönchen bezogen. Über eine schöne Treppe betritt man das Kloster und den Palazzo Acciaiuoli. Es werden Führungen über den prachtvollen Platz und durch den mit Werken von Della Robbia geschmückten Klostergang angeboten. Auch die Schlafplätze der Mönche kann man besuchen und so einen Einblick in ihr Leben erhalten. Der Rundgang ist kostenlos, doch ein kleiner Obolus für den herumführenden Mönch wird gern angenommen.
via della certosa 1, www.cistercensi.info/certosadifirenze, telefon: 055 2049226, geöffnet: di-so 9.00-12.00 & 15.00-17.00, im sommer di-do 9.00-12.00 & 15.00-18.00, eintritt: frei, bus: 37 certosa

Ⓡ VILLA DI CASTELLO

Ⓠ **Greve in Chianti** ist die Hauptstadt der bekannten Weinregion Chianti Classico. Das Zentrum der Festungsstadt bildet die hübsche Piazza Matteotti, die mit Arkaden voller Geschäfte und Osterien umgeben ist. Ideal für einen leckeren Lunch oder ein Glas Wein. Im September findet das alljährliche Weinfest statt, unter anderem mit einem Markt und vielen Ständen, an denen man Wein probieren kann.
greve in chianti, sita bus: 365 greve in chianti (piazza trento)

Ⓡ 1477 kam die **Villa di Castello** in den Besitz der Medici. In der Accademia della Crusca wird schon seit vier Jahrhunderten die italienische Sprache studiert und bewahrt. Die Villa ist nicht öffentlich zugänglich, doch den schönen Skulpturengarten mit Zitronenbäumen und seltenen Pflanzen kann man besuchen. Er wurde 1538 von dem Architekten Niccolò Tribolo angelegt. Bronzestatuen von Bartolomeo Ammanati schmücken den prächtigen Brunnen in der Mitte. Ein Stück entfernt liegt Tribolos malerische Grotta degli Animali. Ab und zu ist der Garten wegen Instandhaltung geschlossen; man sollte sich besser vorher informieren.
via di castello 47, telefon: 055 452691, geöffnet: täglich jan.-febr. & nov.-dez. 8.15-16.30, märz 8.15-17.30, apr.-mai & sept.-okt. 8.15-18.30, juni-aug. 8.15-19.30, eintritt: frei, bus: 28 sestese 05

Ⓢ In die **Villa La Petraia** zog sich die Familie Medici zurück, wenn sie dem hektischen Stadtleben entfliehen wollte. Später diente das Gebäude dem ersten italienischen König als Sommerresidenz. Der Innenhof, überdeckt von einem schönen Glasdach, wurde früher als Ballsaal genutzt. In der Mitte des Saales hängt noch immer ein riesiger Kronleuchter, und die Wände sind reich mit Fresken von Volterrano und Cosimo Daddi verziert. Im ersten Stock kann man die berühmte Bronzestatue *Venere-Fiorenza* des Bildhauers Giambologna sehen. La Petraia ist von der Villa di Castello aus sehr gut zu Fuß erreichbar.
via della petraia 40, telefon: 055 452691, geöffnet: täglich jan.-febr. & nov.-dez. 8.15-16.30, märz 8.15-17.30, apr.-mai & sept.-okt. 8.15-18.30, juni-aug. 8.15-19.30 (besuch nur in begleitung, alle 45 minuten ab 8.30), eintritt: frei, bus: 28 sestese 05

Ausgehen

In Florenz spielt sich das Nachtleben hauptsächlich in Bars und Cafés ab. Dort sitzt man eifrig diskutierend bei einem Cocktail oder einem Bier mit Freunden zusammen. Im Sommer dagegen trifft man sich auf der Straße: auf der Piazza Santa Maria del Carmine oder der Piazza Santo Spirito und in der Via dei Benci oder San Niccolò. In Zusammenarbeit mit der Gemeinde werden im Sommer häufig Freiluftbars errichtet, beispielsweise an der Torre di San Niccolò oder im Stadio Artemio Franchi, dem Heimstadion des Fußballclubs ACF Fiorentina (mehr Informationen auf *www.vivanotte.it*). Es gibt zwar keinen Dresscode, doch da die Florentiner gern "sehen und gesehen werden", kann man für den Abend ruhig sein schickstes Outfit aus dem Koffer holen. Im *Firenze Spettacolo* gibt es einen kleinen Bereich mit englischsprachigen Informationen über alles, was man in Florenz erleben kann. Dieses Monatsmagazin ist an jedem Kiosk erhältlich. Über *www.lovingflorence.blogspot.com* bleibt man dank eines engagierten Florentiners bestens über das Nachtleben informiert.

Ⓣ Der angesagteste Club von Florenz heißt **Yab** und liegt neben dem Kino Odeon. Allerdings sollte man hier keinen riesigen Saal erwarten. Täglich, außer dienstags, ist Motto-Abend. Donnerstags und freitags ist das Publikum meistens über 30 und der Türsteher recht streng. Man sollte sich lässig-stilvoll kleiden, denn hier gehen die Florentiner hin, um zu sehen und gesehen zu werden.
via sassetti 5r, www.yab.it, telefon: 055 215160, geöffnet: mo & mi-sa 21.30-4.30 (im sommer nur mo), eintritt: ab 10 €, bus: c1 strozzi

Ⓤ **Negroni** und **Zoe** sind in Florenz bekannt und bei den Einheimischen sehr beliebt. Diese Cocktailbars liegen nah beieinander und am Wochenende ist hier recht viel los. Man kann sich mit einem leckeren *negroni* oder *americano* auf eine der beiden Terrassen setzen oder, wie die meisten Leute, einfach stehen bleiben. Von Donnerstag bis Sonntag legen DJs auf.
via dei renai 17r, www.negronibar.com, telefon: 055 233647, geöffnet: täglich mo-fr 20.00-2.00, sa-so 19.00-2.00, preis: cocktail 8 €, bus: 23 demidoff, bus: d cellini

Ⓥ Im **Dolce Vita** ist am Wochenende richtig was los. In der modernen, zweigeteilten Bar gibt es rechts Wein und links Cocktails. Auch wird jeden Abend ein reichhaltiges *aperitivo*-Buffet aufgebaut. Ein DJ sorgt für entspannte Musik drinnen und draußen auf der Terrasse. Jeden Monat wechseln die Kunstwerke an den Wänden.
piazza del carmine 6r, www.dolcevitaflorence.com, telefon: 055 284595, geöffnet: di-so 17.00-2.00, preis: cocktail 8 €, bus: d carmine

Ⓦ Im **Pop Café** bekommt man den ganzen Tag ein bezahlbares, leichtes Mittagessen und ab 19 Uhr ein vegetarisches *aperitivo*-Buffet. Nach 22 Uhr wird die Stimmung ausgelassen, dann wird zu DJ- oder Livemusik getanzt. Es gibt Platz für alle, denn die ganze Piazza Santo Spirito wandelt sich zur Tanzfläche um. Man kann sich auch auf dem Bürgersteig vor der Bar oder ein Stückchen weiter auf den Stufen der Kirchentreppe niederlassen und einfach die Stimmung einer "Florentiner Nacht" genießen.
piazza santo spirito 18r, www.popcafe.it, telefon: 055 213852, geöffnet: täglich 12.00-2.00, preis: cocktail 5 €, bus: d santo spirito

Ⓧ Das **Volume** liegt in einer alten Holzwerkstatt, die vor einigen Jahren geschlossen wurde. Die hölzernen Hutformen und Skulpturen, die hier einst gefertigt wurden, hängen noch immer an der Wand. Lassen Sie sich auf ein Retrosofa fallen und trinken Sie inmitten von Studenten und vornehmen Florentinern einen Aperitif. Auf einer kleinen Bühne wird Livemusik gespielt.
piazza santo spirito 5, telefon: 055 2381460, geöffnet: täglich 11.00-1.00, preis: cocktail 6 €, bus: d santo spirito

Alphabetischer Index

area
pedonale

Thematischer Index

sehenswürdigkeiten

shoppen

transport

100% FLORENZ
100% HAMBURG
100% ISTANBUL
100% MAILAND
100% MARRAKESCH
100% MÜNCHEN
100% ROM
100% VALENCIA
100% MÜNCHEN
Auf 6 Spaziergängen 100% München erleben.
GUIDE+ APP

Dieser 100 % Cityguide wurde mit größter Sorgfalt zusammengestellt. Mo Media GmbH ist nicht verantwortlich für eventuelle inhaltliche Fehler. Anmerkungen und/oder Kommentare können unter www.100travel.de mitgeteilt oder an die unten stehende Adresse gerichtet werden.

mo media gmbh, betr. 100 % florenz,
steinstraße 15, 10119 berlin,
e-mail info@momedia.com

autor	roos van der wielen
fotografie	vincent van den hoogen
übersetzung	alexandra schmiedebach (für bookwerk)
redaktion/lektorat	tom seidel/ulrike grafberger (für bookwerk)
schlussredaktion	anke höhne (für bookwerk)
konzeptgestaltung	studio 100%
gestaltung & lithografie	mastercolors mediafactory, hilden design, münchen
kartografie	van oort redactie en kartografie

100 % florenz isbn 978-39-4350-224-4